カラダからの伝言

from Body

魂の声を聞くと、心が楽になる

せき双葉

和サロン「リュミエール」主宰

BAB JAPAN

カラダが発する言葉。
それらは、あなたのカラダが、
あなた自身へ伝えたい言葉です。

そう！　カラダからの伝言です。
カラダにはあなたに伝えたいことがたくさんあります。

あなたのカラダが伝えたいことを、
私はイメージで受け取り、
言葉にしてあなたにお渡しします。

わかりやすい言葉に翻訳するのが、私の仕事です。

それが、私がお伝えしている
「ボディーメッセージ」です。

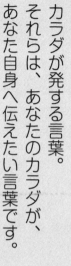

はじめに

はじめまして。この本を手にとっていただき、ありがとうございます。

私たちは変化する社会情勢の中、また自然環境など地球レベルで大きな変化が起きている中、日々生きています。いろいろな経験をし、さまざまな思いや感情が生まれ、悩んだり、怒ったり、笑ったり、喜んだりしています。こうしたことは、カラダがあってこそ可能なことです。

私は埼玉県で「リュミエール」というサロンを営んでいます。現在では東京、神奈川、千葉などのクライアントさんが増えたため、自由が丘にある素敵なサロンをお借りして活動しています。

もともと私は結婚することが人生の最終目標のような、そんな考え方、生き方をしてきました。それが後述しているように、いろいろなご縁で鍼灸師となり、カラダが発する声や情報を感じるようになりました。それが「ボディーメッセージ」というオリジナルのセッションとして誕生したのです。

「ボディーメッセージ」を世の中に出し、これを仕事にしていこうと決心したのが、二〇一二年の新緑の頃でした。新緑の美しい桜の木に誓ったあの日のこと、決心した清々しい気持ちは今でも忘れられません。

ですから私は、今でもセッションに入る前に、この桜の新緑を思い浮かべます。それは、ひとつの儀式でもあります。

しかし当初は、全く思うようにいきませんでした。実は始めたばかりの頃、ある方に言われました。

「ボディーメッセージでは売れませんよ」。なぜなら、人はよくわからないものは買わないから、というのです。

本当にそのとおりでした。でも「辞めない」と決めていた私は、亀のような歩みでただただ続けてきました。そして、一人また一人と、ご紹介者によりご縁がつながって、今に至ります。

おかげさまで、イベントなども含めるとセッション数は千五百件を超えました。受けてくださった方々に心から感謝申し上げます。

長く心に抱えている葛藤とか、秘めたる希望、もっといえば、本人さえも気づかない深い思いがセッションにより明らかになり、それを受け止め、前に進もうとする多くのクライアントさんをみてきました。どの方の姿も、本当に感動的です。

カラダが発する情報を、私は「ボディーメッセージ」として、言葉にしてお伝えしています。しかし、メッセージを「耳で聞く」というより、「手のひらで感じる」という表現のほうがしっくりきます。それはメッセージ（声）を聴覚だけでなく、時に色や形、文字、数字など視覚でも受け取りますが、どの場合も質感を伴う体感覚だからです。たとえばピンク色がみえたとして、色彩としてのピンクというより、そこにある優しさとか、ふんわりした感じとして受け取ります。そういう体感覚としてのイメージで受け取ることがほとんどです。

クライアントさんのカラダに手をかざすと、そうしたことがメッセージとなってやってきます。当初はクライアントさんが抱えている、ご本人でも気づいていない「魂が発する本音」ともいえる強い思いを受け取るだけでした。

しかしいつの頃からでしょう。現在のお悩みの一因となっている過去世との関係性とか、逆に未来のこととして一年先の情報も受け取るようになってきました。

今あるカラダから、なぜ過去や未来のメッセージを受け取れるのでしょう？　それは現在のクライアントさんの情報だけではなく、**時空を超えて存在する「魂」というものが、内在している**からではないかと考えます。

あなたは「カラダは器」「魂の入れもの」って聞いたことはありますか？　私はこの言葉を知る前から、カラダは生物学的、医学的な側面からだけではなく、何かほかの秘めたる力を持っているような気がずっとしていました。

その後、「カラダは器」「魂の入れもの」という考え方を知り、この仕事をするようになって大いに納得していったのです。外側のカラダと内側の魂とがリンクするというのか、それぞれの情報が行き来しているとでもいうのでしょうか。言葉ではうまく表現できませんが、そのやりとりはとても魅力的であることに間違いはありません。

大切な魂を内在させ、外側で守っているカラダは本当に素晴らしく尊い。カラダがあってこそ私たちはこの世で生き、さまざまな体験をすることができるのです。

その体験から得た、たくさんの情報を蓄えているカラダは愛おしい。そのことが伝わるように、できるだけ多くのセッション事例をあげています。どうぞ楽しみながら読んでいただきたいと思います。

なお、本書では「からだ」という言葉を「カラダ」と記しています。いつの頃からでしょう。「からだ」のことを「体」や「身体」と書くことに抵抗感を覚えるようになりました。

生物としての肉体だけではない。そして心を含む身体という文字もピンとこない。霊性というのか魂そのものというのか、定義はまだわからない私ですが、その存在を含めての「からだ」を「カラダ」と表現したくなりました。たぶんボディーメッセージに出会って以降、このように表現しています。

私たちが健康であることはもちろんのこと、でもそれ以上にカラダそのものが素晴らしいものであることに気づいてほしい。そしてとても愛おしい存在だということが伝わったらうれしく思います。

カラダからの伝言＊目次

もくじ

第一章

カラダの「声」を感じる

自力と他力、どちらもあっていい

子どもの頃は、カラダも小さくてそんなには丈夫ではありませんでした。そしてこれといった特技もなく、大人しい平凡な子どもでした。

身長はクラスで一番低く、幼稚園から中学二年までずっと一番前でした。だから、常に重圧がありました。後ろの人たちを引率するという責務です（運動会は特に）。

こうしたことも含めて、「私はどこかで「しっかりしなくては」「私が頑張らなくては」という思いが、いつの間にかカラダに染み込んでいたようにも思います。加えて長女ですから、長女独特の、私さえ我慢すればいいんだから、と、自分の要望を無邪気に伝えることが苦手でした。年齢とともにだいぶ緩和されてきましたが。

カラダが小さくて弱いことで人に迷惑をかけることが多かった私にとって、相手にどう思われるかは、自分の身を守るためには大事なこと。自然と周囲の様子や、その場の空気感から、何かを察するようになっていったのだと思います。

しかし、この小さくて華奢なカラダだったことで反対の思いもあります。それは小さいがゆえに、助けられてきた経験が多く、いざというときは何かしらの助けが入ると深い部分で思っていることです。

自分がやらなくてはという思い（自力）と、だめなときは助けてもらっていいという思い（他力）。この両方の思いが私の中に内在しています。これらは表裏一体で、東洋医学を学んだ私には陰陽の考え方に沿っているのだと理解しています。きっと誰にとっても陰陽は合わせ持っているものだから、あなたも相反する感情や思考をお持ちだと思います。

これはネガティブに捉えればネガティブです。けれど、今私がこの仕事をしているのもこの性質のおかげなのです。

何事も陰陽です。どちらがよくてどちらが悪いはありません。自分の持つものをどう使い、どう活かしていくかだけです。これはボディーメッセージを始めることができた、ひとつの要因かも知れません。

母との突然の別れ

そういう子ども時代でしたから、母は自分と正反対の私のことを大いに心配していました。母はとても魅力的な人でした。チャーミングな美人さんで、顔立ちだけではなく、華があり、人をひきつけるところがある人でした。そんな母だからこそ、私のことを心配し、またふがいなく思っていたのでしょう。

特別な才能もないし、カラダもそんなに丈夫ではない。この子の人生は大丈夫かしら？　せめて平穏に人生を送れるようにと、私の前にいつもレールを敷いてくれました。良し悪しは別として、振り返ってみると相当に過保護だったと思います。

人生というレールの上を、転ぶことなく歩くためにはどうしたらよいかを、母はいつも考え、指示を出し、私自身も疑うことなくそのレールの上を歩いてきました。それは二十歳になっても（正確には二十一歳になる二日前まで）続きました。

というのも、二十一歳になる二日前に、母は突然死したからです。夜、裏木戸を閉めにいき、そのまま倒れて帰らぬ人になりました。冬の寒い夜（その年一番の寒さといわれた日）に、亡くなりました。

まず気がついたのは父でした。「○○子～！」と母の名を叫ぶ、断末魔の叫びのような声は今も覚えているし、思い出すと背筋が凍りそうになります。

父もそうとう動転し、近くに住む大叔父の家に駆けていきました。私は救急車を呼びました。そこから先の記憶はあいまいです。

ですから、私は冬が苦手です。そして「寒さ」が嫌いです。体感として寒いというより、そこに恐怖感がついてくるからです。

ある日を境に、人生が変わるという経験をお持ちの方も多いでしょう。

私もその一人です。ショックすぎて、この現実が理解できない。自分の身の上に何が起きているかわからない。ですから悲しみの感情より、「呆然とする」感覚のほうが強かったと思います。

加えて母の敷いたレールの上を歩いてきた私は、自分のことさえ満足にできませんでした。母が亡くなった翌日から「私はどうやって生きていけばよいのだろう?」と思ったほど。この思いは今も鮮明に覚えています。

母にしてもらうばかりの私でしたから、家族のご飯をつくることさえ、どうしたらいいんだろう?と戸惑いました。当時は、かろうじてご飯を炊く(炊飯器で)ことと、お味噌汁はつくれました。これは学校の家庭科(調理実習)の賜物です。そんなたどたどしい家事をしながら、会社員として働いていました。

考えすぎずに淡々と、一日一日を過ごしていたと思います。もちろんその時々で努力はしていたつもりですが、大きな夢を持つとか、将来どうなりたいとかも考えられませんでした。

妹はまだ高校生、家事の苦手な祖母と、四十代で伴侶を亡くしたさびしすぎる父と、皆がそれぞれの立場で淡々と生きるしかなかったのです。

やはり、母や妻はその家の華なのです。だから、客観的に見たらさびしい家だったと思います。そして、妹が東京に就職するときに、私自身も一緒に上京したのです。

一人ぼっちで立った人生の岐路

このように母の突然死は人生の大きな転機となりました。二十一歳になる二日前の夜でした。ですから私は、二十一歳の誕生日に火葬場で母の骨を拾うこととなったのです。

遺体が焼かれるまでの時間、外に出て空を見上げながら、私は自分の誕生日に、なぜこんな場所にいるのだろう? これはどういうことなのだろう? 悲しみよりもなぜ?なぜ?と、考えてもわからない問いで、頭の中がいっぱいでした。

人は悲しみが強すぎると涙さえでません。私の友人も同じことを言っていました。最愛の娘さんを亡くしたとき、涙が出なかったと。

そしてその数年後に、七十代の祖母が旅立ちました。それからまた数年後に、今度は父が旅立ったのです。

父が亡くなったとき、母のときの衝撃とはまた違う、圧倒的な孤独感というものを感じていました。大海に指でポ～ンとはじかれたような思いとともに、「あーひとりぼっちなんだなぁ。私のことをそのまま認め、受け止め、愛してくれる人は、この世の中にもう存在しないんだな」と、しみじみ理解しました。父は本当に親バカで、私を溺愛していましたから。

こんなふうにさびしく生きていた頃に出会いがあり、好きな人ができました。私の世代では結婚するということは、ある意味、常識でもありました。

結婚さえすれば幸せになれる、と信じていた私。というか、結婚以外に幸せになる道を知らなかったのです。女性の幸せは結婚にあると、親も友人も、そして私自身もそう思っていましたから。

三年ほどつき合い、そろそろ結婚してもいいのではと思い始めたころ、失恋しました。当時三十五歳の私には、もう「結婚」はないのだと宣告された思いでした。

これが私にとって人生の第二の転機になりました。その後の人生を考えると、このときが大きな岐路だったのです。

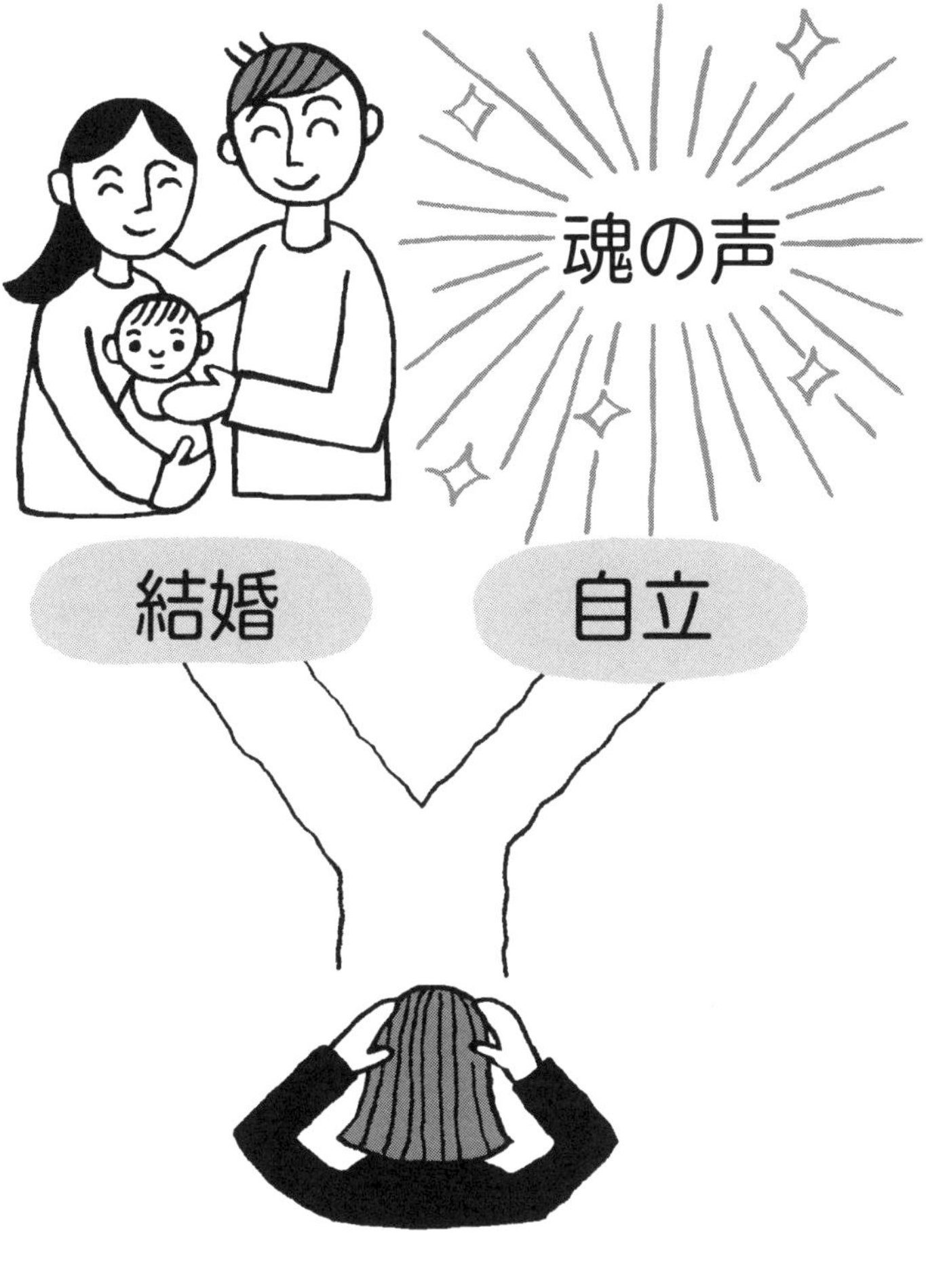
魂の声
結婚
自立

これからどうやって生きていけばよいのか？　その問題に、やっと直面したのです。遅い！　あきれるほど遅い！

生きる目的が結婚。結婚さえすれば幸せになれる。その道が断たれたのです。初めて「自立」の文字が頭に浮かびます。自分で自分を養っていかなければならない。自分の命のために働かなければならない。

それなのに全くやる気が起きませんでした。毎日仕事には行っていたものの、やる気はないし、体調もすぐれず、ただただ漠然と一日一日を過ごしていました。

これからの人生を生きるためにも、まずは体調をよくしよう。元気になろう。そう考えました。

そういえば鍼で体質改善できるとか、どこかで聞いたような気もする。まずは鍼治療を受けてみよう。そう思い立ち、ある鍼灸院を訪れたのです。それが大きな転機となりました。

師たちとの出会い

初めて鍼灸院という場所に通うことにした私。目的は体質改善です。丈夫なカラダになりたいな、という思いはずっとありました。

大病したわけではないけれど、子どものころからカラダが弱かったのです。すぐにお腹を壊し、体力もありませんでした。だからできることなら体質改善とやらをして、元気にパワフルになりたいと思ったのです。

鍼治療を受けながら、私のそんな思いを先生に話しました。「鍼治療で体質改善ができると聞いたので受けに来ました」。

すると先生は「体質改善はできません」と言いました。私は絶句しました。先生は続けて、「**生きる目的がない人では、カラダだけを治すことはできないん**ですよ」と言ったのです。

今なら先生の言った意味がわかります。カラダと心はつながっている。肉体としてのカラダだけを治すことはないのです。必ず心が関係しています。先生はそういう意味で言ったのでしょう。

でも当時の私はそんなことは考えられませんでした。先生の言葉を聞き、その場で固まってしまったのです。頼みの綱だと思ったのに……。もはや希望は消えた。そう思いました。

でも先生は「また来週来てみてください」と言いました。私はこの言葉を頼りに、最後の砦《とりで》と思いながら通院を続けました。

まず体調の変化に気づいたのは職場の同僚でした。「この頃、風邪でお休みしなくなったわね」と言われたのです。あっ本当だ。そういえば最近は病休がないな。これって、鍼の効果なの？

私は当時、一年中風邪をひいていたといってもよいくらい、頻繁に風邪をひいていました。市販薬も常に使っていました。

これが鍼の効果なのかしら？　自分では全く気づいていませんでした。ただ治療後のカラダの軽さや、スキップしたくなるほどの軽やかさは自覚していて、うれしく思っていました。

そして治療中に先生が話してくださる東洋思想、東洋医学の話がいつも面白くて、それも通院するモチベーションとなっていました。カラダも軽くなるし、東洋医学のカラダの考え方や陰陽の話も興味深い。しかもこの鍼灸師という資格は国家資格だ。一生自分で働いていくには、もしかしたら職業としてもよいのではないか？

そんなふうに考えるようになっていきました。というのも、その頃勤務していた場所はとてもよい職場でしたが、私自身はなんのスキルも持っていませんでした。だからこそ、資格が欲しかったのだと思います。

その後、勇気を出して鍼灸学校の入学案内を取り寄せました。しかし、学費のあまりの高さに、一瞬で無理！無理！とあきらめました。もし学校に入ったら、卒業する頃には四十になる。そんな年齢で人生の方向転換なんて無理。バックアップしてくれる親もいない。卒業後にどれだけの鍼灸師になれるかもわからない。無謀だ。やめよう。そう思い、鍼灸への道はあきらめながらも、患者として治療は続けていました。

そんなある日、治療中に先生は言いました。「そんなに気になるなら、やってみてもいいんじゃない」と。

私はまた絶句しました。だってその話を先生に相談していたわけではなかったからです。「今日はお天気がいいですね」みたいな、他愛もない話をしていたときに突然言われたのです。まさにカラダからの声です。ボディーメッセージを、先生は受け取っていたのでしょうか。

今となったらそう思うのですが、このときはもう、ただただ驚いて絶句するばかりでした。でもね、思ったのです。「私は何も言わないのに、私のカラダからは、その思いがあふれているんだ。それほど興味があったんだ、私は」。

そう思ったら話は早い。鍼灸学校に行こうと決めました。清水の舞台から飛び降りてしまいました。優柔不断の私は、決めるまではものすごくグダグダするのに、決めたら迷いなしです。このときの鍼灸の先生が、鍼灸の世界を教えてくださった師です。

そして鍼灸学校に通っていたときに、同級生の紹介でお会いできた先生が、私が唯一、恩師と呼んでいる方なのです。でも弟子ではありません。実力のない人間を弟子とは認めない、そういう方でしたから。

つまり私だけが一方的に恩師と思っているのです。詳細は書けませんが、素晴らしい治療をされた方で、治療とはこうあるべき、病とは、人間とは、と多くのことを教えていただきました。

その当時は「何を言っているんだ？　この先生は？？」と思うことばかりでしたが、何十年も経って、今頃、恩師はこういうことを言っていたのではないのかと、やっと肚落《はらお》ちすることが、いくつかありました。東洋医学を通じて、学びの本質、術の本質、人間の本質などをずっと伝えようとしてくださっていたのだと、今その思いを感じています。

鍼灸という東洋医学の治療から離れた今も、時折、恩師の言葉がよみがえり、あぁ、こういうことを言われていたのだと、感謝と懐かしい気持ちでいっぱいです。この恩師が私にとっての生涯の恩師となりました。

カラダが感情を発する

一生独身なのだと覚悟し、自分のために通った鍼灸学校。そこで私は夫と出会い、卒業した年に結婚しました。本当に人生って不思議です。もう、結婚はないのだとあきらめ、振り切ったら出会いがありました。

たとえばずっと妊活中だった方が、治療をやめて、もう夫婦ふたりで生きていこうと決心したら、子どもを授かったというお話をしばしば聞きますよね。そういったことと少し近いように思います。そしてもちろん結婚も私の転機となりました。

鍼灸学校卒業後に、数か所の治療院で勉強させていただきました。でも、子どもが大好きな私は、「小児鍼」という子どものための鍼をしたかったのです。治療院に来られる方は圧倒的に大人ばかりで、子どもが来院することはほぼありません。さらに子どものいない私にとっては、体質、体格、病気などを知る機会がありませんでした。小児鍼治療を実現させるために、まずはそれらを知ることから始めよう。そのためにはどうしたらよいだろう?と考えました。そして小児科クリニックの看護助手という立場で、子どもたちがいる現場に身を置いたのです。

鍼灸学校では教科書の中だけの病名や症状を、クリニックでは目の当たりにしました。また、子どもを通じた、親子関係のさまざまな在り方など、現場で得ることは本当に多くありました。今こうして行っているボディーメッセージのセッションでも、当時得た経験がたいへん役に立っています。心から感謝しています。

さらにクリニック内のスタッフさん（受付の方、看護師さん）が皆さんよい方で、二十年経った今でも交流があります。こんなご縁を持てたことは、とてもうれしいことです。

この小児科には四年ほど勤めましたが、家の事情で辞めることになりました。埼玉県で夫が鍼灸院を開業することになったのです。私も知人、友人など数少ない患者さんを空き時間に治療することになりました。

あるとき、とても純粋で、少女といってもよいようなエネルギーをお持ちの若い女性が来院しました。

彼女にとっては初めての鍼治療でしたが、繊細な彼女は鍼との相性がよく、ご自身のカラダの変化も読み取っていたと思います。目に見えない気を扱う鍼治療を、不思議に思いながらも理解し、定期的に受けてくださいました。

いつものように肩甲間部を手で触れると、ジリジリした感じがありました。それはなんだかいらだっているようにも感じました。私はハッとしました。これがカラダと心はひとつということではないのだろうか。


学校で習った。確かに習った。東洋医学の五行説では、「五志」といわれる五つの感情（怒、喜、思、悲、恐）があることが明確になっています。

その感情が大きく変動すると、カラダにも現れるのです。心とカラダはひとつ。頭では理解していたつもりでしたが、本当にこんなふうにカラダに感情が出るんだ！初めてそのことを体験した日でした。

この女性との出会いは、私にとって今後を左右する、大きな転機となりました。「カラダ」というものの捉え方が変わりました。カラダの症状として現れることが「カラダ」なのではなく、**内側に内在する意思や思考や感情がリンクし、統合されて「カラダ」となる**ことを知ったのです。

今思えば、「ボディーメッセージ」の種が生まれた瞬間だったと思います。改めましてこの女性に感謝申し上げます。本当に本当にありがとうございました。

私自身は国家資格の免許を取ってから二十年以上経つのですが、実際の臨床例はものすごく少ないです。だから今でも「鍼灸師」と名乗ることに抵抗感さえあります。

そして現在は、鍼灸の治療はほとんどしていません。今は治療の場を離れ、癒やしの現場の中で、皆さんが「本来の自分」を見つけるお手伝いをしています。

鍼で人生を変えるつもりが……

当時私は、自分らしい「鍼治療」をしたいと思いながら、経験も実績も思うように積み重ねることができませんでした。かといって、どこかの治療院に勤務する気持ちにもなれませんでした。実績もないのに、自分のプライドだけは高く、ちっとも前に進んでいない状態でした。

開業した夫の治療院は、思いのほか早く軌道にのりました、ベッドが一台しかない小さな治療院でしたから、夫だけが忙しく、私のほうは、たまにご予約いただく方の治療をしていました。そんな状態でしたから、鍼とは全く関係ない、パートタイムの仕事にもついていました。当時はそのパートが私のメインの仕事でした。

なんのために国家資格までとったのか？　いったい私は何がやりたかったのか？これからどうしたいのか？　モヤモヤしていて、そして自信もなく、いつも何かを探していたように思います。

月日だけは流れ、五十歳を迎えたときに、このまま人生が終わるのはいやだ！と強く思いました。何ができるのかはわからないけれど、とにかくこのままではいやだ。どうにかしたいと本気で思いました。

いろいろ探していたときに「ベビーマッサージ講師」という仕事があるのを知りました。民間の資格でしたが、子どもに関われると興味を持ちました。私がマッサージをするのではなく、ベビーちゃんのママにマッサージの方法をお伝えする仕事です。

優柔不断の私としては珍しく、迷いもなくすぐに受講を決めました。そこからは毎日練習、練習。しゃべりながら手を動かすって、なかなかたいへんです。

しかもベビーちゃんは明るく楽しい声が好きなので、いつもより高めに、そして楽し気に話すことも練習しました。今思えば、これも現在の仕事に役に立っています。人生にはむだなものはないと聞くけれど、歳をとればとるほどそう思います。

そして無事に資格を取得しました。パソコンを買い、ホームページもつくってもらい、ブログも始めました。やっと準備が整ってきた頃、東日本大震災が起き、様子ががらっと変わりました。その中でできることを続けるしかなく、その年はほとんど仕事にはなりませんでした。その翌年あたりから、ホームページをきっかけに少しずつお申し込みをいただくようになりました。

ベビーマッサージのお教室で私が困ったこと。それはママさんたちとの会話でした。もともと私は世間話や雑談のようなおしゃべりが苦手なうえに、私自身は子どもがいないので、子育て経験者としての知恵やアドバイスができませんでした。

マッサージ教室が終わってから、ママさんたちがリラックスできる時間に何もできません。「あー、私は子育て経験がないからダメなんだ」といつも思っていました。でもせっかくお越しいただくママさんたちに、少しでも日常から離れるリラックスタイムがあったらよいなぁとも考えていました。

癒やしの世界に触れる

そんなとき、あるイベントに行く機会がありました。今振り返れば、それはスピリチュアルな要素のあるイベントでした。なんだかわからないまま、ブースを見て回っていました。せっかく来たからひとつくらいは受けて帰ろうと思ったとき、目に留まったのが、カードセッションをするブースでした。

それはきれいな色のカードでした。しかも九枚のカードでした。タロットなら七十八枚もある。それなのに、たった九枚で何がわかるのだろう？　正直内心ではそう思っていました。

座って気になるカードを選び、一定の場所に置くだけ。それについてお話ししてくれます。はい、私はその場で射抜かれました。「なんでわかるのですかー？？」と度肝を抜かれました。それはタロットをひいて驚くあの感じとは違ったものでした。色彩心理を応用したカードセッションでした。占いとは違うものです。

色彩心理というものを知らなかった私は、頭の中がそのことでいっぱいになりました。知りたい、知りたい。私にもあんなセッションができるようになるだろうか？

いや、もっと単純にカードを引く楽しさをママさんが感じてくれたらいいな。そしてちょっとでも「わ～！」という気持ちになっていただけたらいいな。ベビーちゃんと二人だけの毎日の時間に少しでも風穴があいたらいいな。そう思ってすぐに受講を決めました。

イベントでお会いした先生はカウンセラーでもあるし、カードを使ってわかりやすい形で自分の内面と向き合う講座もしていました。その中のひとつがこの九枚のカードでした。

これをきっかけにして、いわゆる癒やしの世界、セラピーという世界を知ることになったのです。その先生は「学んだらすぐに、カードを使ってセッションしてみてください」と言いました。

私も習いたてなので、ママさんたちに練習させてくださいとお願いし、その時間を楽しみました。ほとんどのママさんたちはカードを楽しみ、私の当初の願いのリラックスタイムを過ごしていただけました。

そしてもっと実践を積みたいと思い、いろんなイベントに出展していきました。知名度が全くなかったので、お客様がゼロというイベントもありました。

あのときの私を、今でも走馬灯のように思い出せます。誰も立ち寄らないブース。恥ずかしいやら情けないやら、そして悔しいやら。いろいろな感情の中で、じっとお客様を待つ。いいえ、じと～っと待っていたと思います。

大半の時間が過ぎたとき、「あ～今日はもうダメだ。お客様は来ない。それなら今日は自分がお客様になって、いろんなブースを体験しよう」と決めました。多くの方がイベント価格で、少し抑えめの料金設定でしたから、いくつか受けてみました。そして最後に受けたブースに運命の出会いがあったのです。

「それもチャネリングです」

「最高に輝く過去世をみます」。え？　何それ？　私は過去世というものに、あまり興味がありませんでした。それなのに以前、情けない過去世を言われたことがありました。川で溺れて死んだとか……。言われてガッカリだったし、そうだろうね、そんなことうすうす感じていたわよ！　ふん！という気持ちにもなりました。

実際、水が怖くて子どもの頃はプールで溺れかけたし、大人になっても足のつかない場所では泳ぎたくありません。だからなんなのよ！と、過去世に関しては懐疑的だったのです。

それなのに、最高に輝く過去世とはなんだろう？　そう思いました。そして正直に、目の前の方に、「あまりに情けない過去世を聞いたことがあって……」と言うと、その方は「あっ、ではお口直しにいらしたのですね」と言いました。そのサラリとした表現がとても素敵でみていただくことにしたのです。

「すごくきれいなペパーミント色のお台所のシンクがみえます」

「えっ!?　それは今の我が家の台所です。古い家ですが、水まわりだけ改装してお気に入りのシンクです。過去世ではないですね」

そう私が言うと、その方は「時間軸を縦にみると、過去も現在も未来も同じなのです。だから過去世と表現していますが、現在が出る場合もあります」と言いました。意味はよくわかりませんでしたし、今でも正直そのシステムはよくわかりません。

でもただひとつ、心が大きく動いたことがありました。それは、もう一度この方に会わなくてはいけない。そういうやむにやまれぬ気持ちでした。どうしたらよいのだろう?　この方にもう一度会うには……。

すると横にお茶会のチラシが置いてありました。これだ!

「私、このお茶会に参加します。ですから絶対にご案内を送ってください」と、とっさに言いました。彼女は、私のその必死の形相にじゃっかん引いていたようでした(笑)。

皆さんはそういう経験がありますか？　私はこのときほどの思いは今までにないと思います。

切羽詰まっているのだけど、なぜそんな気持ちになるのかが自分でもわからない。でも今を逃したらだめだ！　そういう気持ちでした。

その後無事にお茶会のご連絡をいただきまして、参加することができました。するとどうでしょう。その日初めてお会いしたばかりの三人の参加者さん、この方たちにまた会いたい。いや会わなくては。そんな気持ちになったのです。

どうしてもこの三人と私と、主催者の五人のメンバーでなくてはならない。本当に不思議な気持ち。どういうこと？　どうしたら自然な流れで（笑）、このメンバーに会えるだろう？　お茶会の間、ずっとそんなことを考えていました。

すると参加者のひとりが「A子さん（主催者）からチャネリングを習いたいです」と熱烈オファーをしたのです。この参加者さんはすでにチャネリングができる方でしたが、A子さんから習いたいと熱望されたのでした。

何それ？　チャネリング？　全然興味ないけれど、もしかしたらこのメンバーにまた会えるチャンスかも？　心の中でそう思った私は、「もしこのメンバーで開催していただけるのなら参加したいです」と私も熱烈オファーしたのです。

主催のA子さん自身も、いつかそんなことをしてみたいけど、今はまだ早い、そんなお気持ちだったようです。でも私たちの熱意により、「それでは実験的にやってみましょうか？　講座というよりお茶会形式の学びで」と話がまとまりました。

月一回の学びの場。三～四か月だったでしょうか？　今はそれすら覚えていませんが、私は毎回楽しく参加していました。チャネリングを習得する気はさらさらなく、ただそのメンバーと話す時間が楽しくて通っていました。

食いしん坊の私には、皆で持ち寄るお茶菓子とお昼も目的のひとつになりました。毎回打ち合わせてもいないのに、主食担当、副菜担当、フルーツ担当、スイーツ担当と、それぞれが一度もかぶることなく持ち寄って、本当に不思議でした。そして私にとっては、今まで体験したことのない居心地のよい場、居心地のよいメンバーとの時間を過ごしたのです。

そんなある日の会で、私が鍼治療中に感情などのメッセージを感じる話をしました。すると主催のA子さんが「それもチャネリングの一種です」とさらりと言ったのです。私は猛烈な抵抗感で「いいえ、そんなことありません。そんな特殊能力、私にはありません！」と言いました。

A子さんは「チャネリングはどなたでもできることで、自然にやっていることの中に、その人の得意なものが隠されています」というお話をしました。続けて「受け取った情報は、その方の大切な情報です。だからどうぞ、その方に渡してあげていってください」と言いました。

私はこのひと言が頭を殴られたくらいの大きなショックでした。そうか！　これはその方の大切な情報だったんだ。なかったことにしてはいけないんだと気づきました。

その当時の私は、カラダから感じ取る感情などを怪しすぎると思っていました。こんなふうに感じるなんて、私が変なのかも。それに第一、怪しすぎるでしょう……。そう思っていましたから、まさに青天の霹靂《へきれき》です。

今までは怪しすぎるから、口に出してはいけないと思っていたことが、むしろ相手の大切な情報だった。その方の情報は、その方のもの。だからお渡ししていかなくてはならないのだ。これがチャネリングであってもなくても、もうその定義はどちらでもよい。

このときから、捉え方が百八十度変わりました。これが本当の意味でのボディーメッセージの誕生でした。

第二章

カラダからのメッセージ

ボディーメッセージは「あなた」からの伝言

ボディーメッセージという言葉や響きに、興味を持ってくださった方々はたくさんいました。けれど、そもそも「ボディーメッセージ」って、なんだろう?と、疑問を持たれた方も多かったと思います。

直訳すれば、カラダの声だけど、そういう意味かな?と思うのが自然かもしれません。ですから当初は、臓器からの声を聞くと思われた方が多かったのです。お問い合わせの中にも「臓器からの声がわかりますか?」とご質問くださった方もいました。

実際にそういうセッションをされている方もいると思いますし、そういう内容の本も出ていたと記憶しています。たとえば「のどの不調は言いたいことを言えずに、言葉を飲み込んでしまうことが多いと起きやすい」とか、「胃の不調は消化しきれない思いが残っている」というようなことです。

ですから「ボディーメッセージ」というものも、臓器からの声だと思われるのも当然かと思います。特に女性にとっては「子宮」という特別の臓器からの声を聞きたいと思う方も多いのではないでしょうか？

でも私がお伝えしているものは「臓器からの声」ではありません。カラダのひとつひとつのパーツとしての声ではなく、**あなた自身からの声**です。

心の声といってもいいし、もっと深いところからの声として、ご自身が頭（顕在意識）では認識できていない、**潜在意識に存在する思い**の場合もあるでしょう。

さらにいえば、**魂からの声**といってもよいでしょう。それらを総称して、私は「ボディーメッセージ」と呼んでいます。

この章では実際のボディーメッセージのセッションの事例をご紹介していきます。どなたからのメッセージもとても感動的で、ひとつひとつがどれも愛おしく大切なメッセージです。なお、本文中に登場する方のお名前はすべて仮名です。

マダムの第一声は……

これまでに行ったセッションで、特に印象的だったメッセージはありますか？と問われれば、私は間違いなくこのメッセージを一番にあげさせていただきます。

それほどまでに印象的であった理由はふたつあります。ひとつは、個人的にも女性として羨ましくなるようなメッセージであったこと。もうひとつは**「愛」とか「恋」とか「結婚」などは、メッセージとしてカラダから出やすい**のだと、こんなにも顕著に現れるものなのだと、このときに知ったからです。

それではその印象的なメッセージをご紹介します。

五十代半ばの岡崎様（仮名）は、マダムとお呼びしたくなるような気品があり、穏やかで優しげな方でした。専業主婦のようにみえましたが、実際は週のうち数日、パートの仕事をされていました。

まわりからはたいへんなお仕事にみえる業種でしたが、岡崎様は「外で働くことがとても楽しいのです」とうれしそうにお話しされていました。その様子がなんだかとても優雅に感じました。岡崎様のボディーメッセージが始まります。

現在のボディーメッセージはまず頭部からみていきますが、この当時は肩から腕のあたりを最初にみていました。実際には直接触れるのではなく、四～五センチ離してエネルギーを感じ取ります。

岡崎様へのファーストタッチ。するとどうでしょう！　エネルギーに触れるとすぐに一行の美しい調べのようなこの言葉が伝わってきました。

「幸せな結婚生活です」と。

このときの衝撃は今でも忘れられません。伝わってくるメッセージの速さ、まさに瞬時という言葉がぴったり。そしてダイレクトに伝わってくる、端的な美しい一文に心を奪われました。

私の場合は情報をほぼイメージで受け取るので、今回のように美しく潔い言葉がきれいに音として聞こえたことも衝撃であり、感動でした。しかもこの言葉は実際の岡崎様のお声とは少し違うのです。性別も感じませんし、いつものお声とも違う。

でも、自分でも不思議なのですが、彼女が発した言葉に違いない！という確信は持てるのです。確かにそれが彼女の思い、言葉であると！　これこそが本音であり、魂の声なのでは、と私は考えています。


ややフリーズ状態の私は、「幸せな結婚生活なのですね？」と、出たままのメッセージを繰り返して確認しました。

岡崎様はたったひと言、「はい」と答えたのです。このお返事にも私は衝撃を受けました。なぜなら「いえいえ、そんな……」とか「まぁ、幸せというほどのものでもありませんが……」というように、謙虚に否定するケースが多いからです。

それなのに岡崎様はとても自然に「はい、幸せな結婚生活です」と答えたのです。もう私は感激し、興奮のあまり「まあ！　大恋愛でご結婚されたのですか？」と質問してしまいました。すると岡崎様は「いいえ、お見合い結婚です。それもかなりの数のお見合いをしました」と言うではありませんか。

私たちの世代は結婚することがあたりまえとして育ちました。だから結婚しないなんてあり得ない。絶対結婚しなさい！の重圧もあったと思います。だからこそ決まるまでお見合いを続けたのでしょう。しかしそういったことは「今、幸せであること」とは関係ないのだと、岡崎様に教えていただきました。

大恋愛の末結婚されて、そしてあっという間に別れるご夫婦もいる。反対に何度も何度もお見合いをしたあと、「幸せな結婚生活です」と、こんなに穏やかでのびのびと言いきれる人生もある。

私は岡崎様のセッションを体験したことで、恋愛結婚だけを強く望まれる方々にもお見合い結婚で、とても幸せに暮らしている方もいるのですよとお伝えしています。こうでなければの思い込みが強いと、自分で自分を苦しめます。どんな方法どんな選択をしても、正解、不正解はありません。

自分が創造していくのが人生です。カラダから「今、幸せです」というメッセージが、自然とこぼれ落ちるような方々が増えることを切望しています。

エネルギーの種類

人は第一印象のイメージがかなり強いといわれていますよね。私もそう思います。対して、直接会って話してみないと本当のところはわからない、ともいわれます。話してみたら、印象と違っていたということもよくあります。

私の場合はさらに、お会いしてお話をしても、その人らしさというのは本当のところ、よくわかりません。だからそこで悩むことをやめました。

正直にいうと、私自身はボディーメッセージで、初めてその方にお会いできたという思いが強いです。だからお話をしているだけでは、真のその人にお会いできた感じがありません。その人の本質というものは、触れてみないとわからないからです（あくまで私の場合です）。

どうせ触れてみないとわからないのだから、今対面していて受け取る印象がどうであれ、本質と違う可能性もある。もちろん同じ場合もある。確かめようがないから、まあいいか、という感じです。

そしてこれは、ボディーメッセージのセッション経験が増えれば増えるほど、確かなものになっていきました。初期の頃は、印象と本質が違う感じのクライアントさんに出会うと驚いていました。でも今では、そうか、みた感じとだいぶ違うんだなぁと、そのまま受け止めています。

ご自身の本質をそのままの印象と同じにする必要もないと思っています。お仕事や立場上、演出の必要がある方もいるだろうし、単純に自分をみせたくない方もいるでしょう。今の自分を偽っていると感じ、そのことが苦しくなってしまうのは本末転倒ですが、いろいろあってよいし、自分が苦しくないスタンスならよいと思います。

結局のところ、本質をまとうベールは何色であってもいい。本質そのものは変わらないのだから。**本質こそ揺るぎない**。今はそう思っています。

私はボディーメッセージをイメージで受け取っています。メッセージ性のあるエネルギーの場合も多いですが、シンプルにエネルギーの性質のようなものを感じることもあります。

わかりやすくいうと、優しいとか、温かいとか、美しいといったような感覚で受け取るのです。今回はそのことを強く感じたお話です。

山口様（仮名）は、初期の頃にボディーメッセージのセッションを受けに来てくださった方です。アメブロが話題になっていた頃、ブログを書いたほうがよいと、サロン運営の先輩方に言われ、私も見よう見まねで発信していました。

勉強してもそれを活かしきれない自己流の発信でしたから、なかなか反応がありませんでした。でも続けるうちに、ポツリポツリとお申し込みが入るようになりました。山口様との出会いはちょうどその頃だったと思います。

ブログをどうやって見つけてくださったのか、自分でもわからない状況でした。なので、どんな方がどのような目的でボディーメッセージに来られるのだろう？と、不安でもあったのです。

実は山口様ご自身もアメブロを書いていました。どんな方なのだろうと思って見てみると、衝撃を受けました。

とても厳しい人生を生きてきた方だったのです。その人生の過程において、感覚とか世界観で、私と接点があるのだろうか？　私のセッションでよいのだろうかと悩んでしまうほどの衝撃でした。

でも、「（私の）ブログに出会えてよかった」「受けたい」「絶対受けたい」と熱い思いも語られていました。お住まいの場所が遠かったので、中間地点でレンタルスペースを借りることにしました。

当日はかなりドキドキしながらも、なぜかものすごくかわいらしい装いで出かけたくなったのです。フリルのブラウスにふんわりしたスカートにしました。こういうことがたまにあります。セッションの前日に、こんな装いにしたいとか、このアクセサリーをつけたいとか。お会いしたことのないクライアントさんなのに、そう思うことがあるのです。

自転車で駅に向かう途中で、「お団子を買おう」と思いつき、みたらし団子を手土産にレンタルスペースに向かいました。お団子でお茶を飲みながら、ゆったりと緩んで時間を過ごしたくなったのです。

山口様にとってはどんなイメージだったことでしょう。年齢にそぐわないかわいらしい装いで、みたらし団子を持ってきたおばちゃん(笑)。とにかくリラックスしたかったのでしょうね、私が。


セッションが始まり、山口様のエネルギーに触れたとたん、驚きというか衝撃が走りました。そして今までの不安要素が、いっきに吹き飛びました。

「わあ～、なんて澄んだエネルギーなんだろう！」。山の中を流れる小川のような、透明で穢《けが》れのないエネルギー。本当にピュアで美しいエネルギーでした。

山口様はどんな人生を歩んでこられたのだろう。ボディーメッセージがお役に立つのだろうか……等の私のつまらない心配は全く不要でした。

正直、あのように澄んだエネルギーには、なかなか出会えません。私のクライアントさんの中にも三人いるかどうか、という少なさです。

その方がどう生まれ、どう生きてきたかとか、現在どういう状態なのかとかは、本質のエネルギーとは関係ないものだということを教えていただきました。きっと私は、この「本質のエネルギー」というものに触れたくて、ボディーメッセージを受け取っているのではないかと思ったほどです。

また、なぜ私が年齢にそぐわないかわいらしい装いで出かけたのかもわかりました。それは山口様のお母様の思いでもありました。とにかく女の子が生まれたら、かわいらしい装いをさせたいと熱望されていたのです。

女の子女の子というのか、「ザ・女の子」みたいな感じです。その気持ちが伝わって、なぜか私が女の子らしい装いをしてしまったというオチでした（笑）。

きっとお母様は装いだけでなく、女性らしい感覚というものをたっぷり持った女性に育ってほしいと、考えたのではないでしょうか。その思いは、山口様の中に確実に形成されたと思います。

もともとの澄んだ美しいエネルギーとともに思いやりや気配り、そして受容力の高さといったものを自然と身につけています。簡単なメールのやり取りの中でさえ、そういうことはにじみ出ます。きっと日常の中にもあふれていることでしょう。

山口様がそういうエネルギーの持ち主と知った今では、合点がいくことばかりです。

日常のＳＮＳではやりとりがないので、もうご覧になっていないだろうと思っていたら、困ったときに山口様が手を差し伸べてくださったのです。セッションで使うメモ用の和紙が廃番となってしまい、困っていたら、「ネットで見つけました」とご紹介くださいました。誰に対しても、このようなエネルギーの使い方をされるのだろうなと、感慨深いものがありました。

実際にはもう何年もお会いしていませんが、私の手のひらは、あの澄んだエネルギーを今でも覚えています。山口様、お会いできて光栄でした。本当にありがとうございました。

過去世の不思議

過去世に興味があったり、知りたいと思ったりする方はいますか？　ここで私自身の過去世への思いや、当サロンが考える過去世の在り方等をお話ししていきます。

当サロンでは、まずボディーメッセージを受けていただきます。そしてもし過去世にご興味があれば「象徴過去世」というセッションをご提案しています。

なぜ初めに象徴過去世セッションをおすすめしないかというと、まず今現在のご自身を知ってほしいからです。**「自分」というものを知り、「自分」というものを好きになると、人生は生きやすくなります。**

でも「自分」のことって、なかなかわかりにくいものです。だから客観的な立場からボディーメッセージを通じて、まずご自身を知ってほしいのです。

でもときどき、「どうしても過去世を知りたいのです」と強く希望される方がいます。

その場合は先にお受けしています。

今までの経験から、強く望まれる方は、過去世から入ったほうが悩みが解決しやすかったり、何度も起きるつまずきポイントのヒントが得られやすかったりするからです。それほど「過去」の生き方は、「今」に与える影響が大きいのです。

それはなぜでしょうか？　生まれ変わっても、魂は同じだからです。魂にもクセや個性といったものがあります。この部分が関わる場合、この「過去世」という過去の体験を活かしてほしいのです。「過去世」は、未来をつくっていくための「情報」として、使っていただきたいと思います。

また当サロンが、過去世を「象徴過去世」と表現しているのには意味があります。単に、いつの時代にどこの国で何をしていたかを、知るためのものではありません。そこに重きを置いていません。

知るのはそこではなく、過去の自分が体験したメッセージを、今世のあなたがどう受け止めるのか、それが一番重要です。そのため、「象徴過去世」としています。

同じ魂なので、今の自分と同じような考え方、趣味嗜好などとリンクしていたり、もっといえば、自分にしか理解できない感覚さえあります。これは口で説明しても伝わりません。体験した人だけが得る感覚です。

その場面に遭遇すると、クライアントさんはもちろん、私も感動します。**同じ魂だからこそ、過去の自分からのメッセージは時空を超えて響く**のだと思います。

本来、どうしても過去世はドラマチックになりがちです。それははるか昔のことであり、時代も性別も、ご自身を取り巻く環境も、全く違うからです。そのドラマ性に流され、そこに捉われすぎると、本質を見失います。

何度もいいますが、みるべき、知るべきポイントはそこではありません。これからの未来のために、「象徴過去世」を情報として使っていただけたらうれしいです。

ちょうどこの原稿を書いているとき、あるクライアントさんとの出会いがありました。七十代の素敵な方でした。娘さんがボディーメッセージを毎年受けてくださっていて、そのご縁からの出会いでした。いつもは娘さんのボディーメッセージの話を聞いてもそれほどの興味はなかったそうです。

しかしあるとき、いつものように娘さんのお話を聞くと、自分も受けてみたいと言われたそうです。しかも「過去世」を。近しい間柄の人との関係性が知りたいからということでした。

当日お会いした長谷川様（仮名）は、明るく前向きな印象の素敵な方でした。私が「どうして過去世セッションを受けようと思われましたか？」と尋ねると、長谷川様は「今、幸せなので未来は別にどうでもよくて。ただ、今までの人生をみたときに、なぜこの人と出会い、深い関係性のある間柄になったのか？　いろんな思いをしながら生きてきたけれど、これはどういうことなのか？と知りたくなりました」とお話ししてくださったのです。

普通はこういう思いがあると、ご自身を否定したり、自分の人生そのものを否定しがちになるけれど、長谷川様からはそういう思いは伝わってきませんでした。そして今、幸せである。その思いにも、うそはありませんでした。

ただこの出会いの意味を知りたいというか、ご自身の人生を深く納得したいのだと感じました。だからこそ、未来にときめきながら進んでほしいなとも、私は思いました。明日以降の未来に希望が持てたり、楽しみにできたり、ワクワクしたり、それこそが未来のための象徴過去世だからです。

長谷川様はある方の家業を継ぐために、大人になってから養子となり、一生懸命働いた人生でした。お店をたたんだことが区切りとなって、自分自身をみつめ直すきっかけが訪れたのです。どなたにも本当にセッションを受けるにふさわしい「今」というタイミングはやってきます。

義母といっても、子どものときから育てられた訳ではないし、嫁姑という立場でもありません。なかなか珍しい形の親子関係。さらに義母はなかなか一筋縄ではいかない個性の持ち主。よくここまで頑張ってこられたなぁと思いました。

でも過去世を通してみると、お二人の明らかな関係性を知ることとなりました。お二人は向き合って共感し、理解しあう関係性というよりも、同じ目的を見て、ともにその方向に突き進んでいくという関係性でした。目的は同じですから、その点に関して協力し合い、助け合って生きてこられた人生でした。

つまりベクトルが違うのです。お互いを見るのではなく、同じ目的を見ているのです。こういう関係性があってもよいと思いました。血のつながりのない義理の親子関係ですから、同じ目的があったことは、かえってよかったのではないでしょうか。

何よりも長谷川様自身が、この関係性を深く理解できたことで、ものすごく安心されたのです。今まで心の中で引っかかっていた「なぜ？　なぜ？」の答えを見つけ、自身の人生を再確認できたからこその安堵感です。そしてそれはご自身の人生そのものに対する全肯定だったに違いありません。

だからこそセッション終了後の長谷川様の様子は忘れられません。顔が輝き、長谷川様のまわりがピンクの優しいエネルギーに包まれてほわぁ～となっていました。

セッションのあと長谷川様は、「今、人生で一番幸せ！　人生の集大成」と言いました。その瞳は輝いていました。

生きていれば誰でもいろいろあるけれど、それらをすべて含めて、ご自身の人生を全肯定された瞬間でした。過去から現在までの時間の意義を知り、これでよかったのだという安心感、安堵感を感じていただくことができました。

これからの日々を楽しみにできる顔になったのです。その顔を見ながら「そうそう！

これが象徴過去世セッションなのよ！　未来のためのセッションなのだから」と心の中でバンザイをしていました。やっぱり象徴過去世は未来のためにある、と確信しました。

私自身も二〇二三年にこの安堵感を体験したので、長谷川様のお気持ちはよくわかります。「あぁ、これでよかったのだ」という安心感。それは過去の私も、これから先の私に対しても、全幅の信頼を置いていい。まさに自分自身を信じることにつながりましたから。

このご縁をつないでくださった娘さんにも、心から感謝申し上げます。娘さん自身もまわりから憧れられる存在になっていく方です。今から楽しみにしています。

どうしても過去世が知りたかった女子高生

お母様がボディーメッセージを受けてとても気に入ってくださり、娘にも受けさせたいとお二人でお越しくださいました。十代のかわいい女子高生。

やはり十代、二十代の方が来ると、お部屋がぐんと活気づくんですよね。これが若さなのかと、そのつど感心しています。

お母様が娘さん（理央さん。仮名）に言いました。「最初にボディーメッセージを受けたほうがいいんじゃない？」。

当サロンではまずはボディーメッセージをおすすめしています。今、そして未来にフォーカスしてほしいからです。過去世はどうしてもロマンティックになりがちです。時代背景も職業も、性別さえ違ったりするからです。

そういう背景に飲まれすぎないためにも、まずは現在地を知ってほしい。そのためにボディーメッセージからおすすめしているのです。

でもセッションを重ねるごとに、どうしても過去世セッションにこだわる方がいることも知りました。それはたいがい意味のあることでした。

つまり、今、過去世を知っておいたほうがよいということ。なので現在は、お客様が強く望む場合は、そのお気持ちを優先しています。

理央さんは「うーん」と悩みながらも過去世を受けたいご様子。そこで私は聞いてみました。「どうして過去世を受けてみたいの？」。

すると理央さんはこう言いました。「だって未来はこれから自分がつくっていくからわかるけど、過去世は知らないから聞きたい」。私はこの言葉から、十代の若さ、希望といったものに超感動したのです。

私たちは将来に不安を感じますよね。この先どうなっちゃうのだろう？って。いつ頃からでしょう？　こんなふうに未来に不安を感じ始めたのは。もちろん希望も持っていますが、やはり不安はつきまといます。

でも十代の理央さんは、未来は自分自身でつくっていくものとしています。それがごく自然であたりまえのように。そこに希望と喜びが満ちあふれていました。私はそのことがものすごくうれしかったのです。

「はい。では今回は過去世セッションをしましょう」ということで、理央さんの過去世セッションは始まりました。

まずみえてきたのは、なんと、お茶問屋の番頭さんでした。え？　商売人!?　これが私の本音でした。もちろん声には出しませんでした。

なんというか、今の理央さんから「商売」というエネルギーを感じなかったからです。それは女子高生だからという意味ではありません。年齢に関わらず「商売」のエネルギーを持っている方もいます。

番頭さんなんだ～とリーディングを続けると、いろんなことがわかってきました。番頭さんにまでなった彼（今は女子高生）はアイデアマンで、いろんなことにチャレンジしたり、またアレンジしたりするのが上手でした。そうやって商売を盛り立てましたが、実はご実家は廻船《かいせん》問屋で、そして二代目を継ぐ人でした。

でもそのお父様がなかなかユニークな方で、息子に違う大店《おおだな》で修業をさせたのです。だからこそ二代目にありがちなボンボンで終わることなく、商売人として成功したのです。

そして面白いことに、結局彼（理央さん）は廻船問屋を継がず、茶葉に魅了されたのです。そう！　茶葉です。葉っぱです。

セッション終了後に理央さんにお話を聞くと、シンクロがありました。実は理央さんはその年の春から大学生になるのですが、漢方も扱える薬剤師を目指していました。おそらく「漢方薬、生薬認定薬剤師」さんになるのではないでしょうか。

漢方では、植物の葉や茎や根や樹皮等々を扱います。もちろん植物以外にも、動物や鉱物などもあります。

理央さんが今もこの「葉っぱ」にひかれるとは不思議ですね。このときの過去世も関係があると、私は思っています。

魂は、得意なこと（才能）、好きなこと（趣味嗜好）などは持ち続けているように思います。本当にそこが不思議で、私が皆様の過去世セッションに魅了されるひとつの理由でもあるのです。

ご自身の過去世を知り、驚く方も多少はいますが、多くの方は「そんな気がしていた」という感覚を内側に持っています。ですから違和感ではなく、自分自身への共感があります。過去の自分に対しても愛おしさを感じるケースが多いのです。

理央さんの場合もそうだったと思います。未知だから過去世を知りたいと最初は思ったけれど、実際に知ってみると違和感もなく、受け入れているご様子。「え～」「きゃー」というハイテンションではなく、「うん、わかる気がする」「私らしい」という落ち着いた反応。

むしろお母様と私のほうが盛り上がっていたかもしれません。なぜって、このユニークな発想ができる魂が、今世において、どれだけ素晴らしいお仕事をされるのかと思ったからです。

「さじ加減」という言葉があるように、もともとは漢方の薬の調合から出てきた言いまわし。膨大な知識や経験値から導き出される処方だけれど、最後のひらめきのような量だったり、配合ってあると思うのです。それが漢方薬の妙でもあり、魅力でもあり、難しいところでもあるのでしょう。

そんな世界へ、このユニークでアイデアマンの魂はどう挑んでいくのだろう。楽しみすぎる！　こういう若い方々のセッションをするたびに、いつまでも現役でいて、彼女たちの美しく輝く未来をみてみたいと思う私です。

理央さん、お会いできてとてもうれしかったです。ありがとうございました。そしてご紹介くださったお母様、本当にありがとうございました。

何か足りない……

ボディーメッセージのリピーター様で、お会いするたびに変化していて、とても素敵な辻様（仮名）。初めてお会いした頃を思い出すと、別人級に人生を楽しんでいます。私にはそれがとってもうれしいのです。

辻様から「今度は過去世セッションを受けてみたい」とお申し込みが入りました。それはシンプルな好奇心から始まったのだと思います。過去の自分はどんな国に生まれ、どんな人でどんなふうに生きたのかな？　そんな思いだったと思います。

そんな単純な思い、純粋な好奇心から発動した過去世への旅は、予想もしないことを引き起こしたのです。結果としてはボディーメッセージでは確認できなかったことが、過去世という旅から辻様の深い部分、根っこの部分に触れ、それらを解き明かし、その思いを溶かしていく旅となったのでした。

その前に少しお話しさせてください。過去世を受けられる方は明らかに二つに分かれます。なんとなく面白そう。どんな人生だったのかな？　そんなふうに単純にワクワク、ドキドキした好奇心から受けようと思われる方。

もう一方は、どうしても自分の過去世を知りたい。何かが引っかかる。今抱えている問題やモヤモヤも、きっと過去世が関係している！と強く感じている方。

辻様は前者のシンプルな好奇心からでした。でも、この象徴過去世の不思議なところは、そういう動機からでも何かしらメッセージ性があるということです。私はいつも皆様のそのメッセージ性に感動してしまいます。

辻様にとって、そのメッセージは思った以上の衝撃だったに違いありません。でも本当に知ってよかったというお話です。

私の過去世セッションはまず男性か？女性か？からみていきます。辻様の過去世はどちらで登場するだろう？とみていくと、「男の子だよね、あれ？　女の子？」とちょっと迷いました。

もう一度確認するとやっぱり男の子。そうだね、と自分で納得しつつも、なぜか女の子の存在も感じる。女の子に生まれたかった男の子なのかな？　そう思ってみても違うようです。この女の子の存在はなんなんだろう？

そのとき、あっ！　双子ちゃんだと思いました。辻様は男の子で、双子の妹がいたのです。やっぱり双子って特別な存在なのだなぁと思いました。二人で一人みたいな感覚なのです。だから辻様の過去世なのに、一緒に登場したんだなぁと感慨深いものがありました。

私は「双子としての過去世がみえますね」とお伝えすると、辻様は「えっ？　双子ですか？　双子っていいな、自分が双子だったらよかったのに、と思うことが多かったです」と言ったのです。

私は少し驚きながらも不思議な気持ちでした。なぜなら私自身は一度も双子に憧れたことはないからです。逆にそう思う方がいるんだなというのが、正直な感想でした。

さて舞台はどうやら欧米のようです（時代背景まではわかりません）。わりと大きなお屋敷が双子たちの家。そして二人は赤ちゃんのときから寝室が別でした。でも双子ゆえのテレパシーのようなもので、今相手が何をしているのかがわかるのです。

「今寝ているんだな」とか、「にこにこしてご機嫌だな」とか。だから同室でなくても、会話をしているような感じで、いつも相手の存在を認識できていました。

ところがある日、妹の存在を感じられませんでした。最初は寝ていると思っていたけれど、ピクリとも動く気配がない。いや、呼吸している感じさえ伝わってこないのです。いわゆる乳幼児突然死症候群というものでした。

ある日突然、双子の妹は旅立ってしまったのです。このときの衝撃的な体験が彼（辻様）を形成していったのです。

そう伝えながら「欠落感」「喪失感」という言葉を発したときに、なんと辻様はこう言ったのです。

「私、幼稚園の頃から欠落感を感じていました」。

もちろん小さな子どもですから、「欠落感」という言葉自体は知りません。でも体感として、いつも自分には何かが足りない。何かが抜け落ちている。すでに失っているものがある。不完全である。そういった思いだったそうです。

その切なさに、こちらまで涙が出そうでした。もしかしたら生まれたときから、「欠落感」「喪失感」とともに生きてきたのではないかと思ったら、胸が苦しくなりました。でも魂が過去においてそういう経験をしていたことが、その思いをつくり出していたことを知り、多いに納得されたようでした。

するとどうやら双子の妹のエネルギーを感じ始めました。それなら、彼女からもメッセージを聞いてみましょうとアプローチしてみました。妹のほうはちょっぴりプンプンしています。そしてこう伝えたのです。「もうー、何を言ってるの！　いつも一緒にいたじゃない！　気がつかなかったの!?」。

男の子である辻様は静かで優しい子。反対に妹のほうはちょっとやんちゃで姉御肌の気質。めそめそとさびしがっていた兄に対して、げきを飛ばしたのです。そのやりとりの中に妹からの愛情を感じ、グッときました。

双子ならではの関係性。濃い在り方。二人でひとつのような感覚がきっとあるのでしょう。

辻様も、実は一人ではなかった。いつも一緒にいてくれていたのだと、大きな安心感に包まれ、ホッとしたご様子でした。もうさびしがったり、欠落感を感じたりする必要もありません。

表現が適切かどうかわからないけれど、「片割れ」という言葉がありますよね。本書を書くにあたってこの「片割れ」という言葉を検索してみました。

すると実際、双子の方で自分の片割れを亡くし、何をしても楽しくない、人生を楽しめないという相談がありました。その相談の回答として「君の心の中に引っ越しただけ。忘れなかったら一緒に生き続けるよ」とありました。

胸が熱くなりました。同じことをセッションの中で片割れの（あえて書きます）妹が「いつも一緒にいたじゃん、何言ってるの！」と教えてくれましたものね。やっぱりそういうことなのではないでしょうか。

理由もなくそう感じる。考えてしまう。そんなことが過去世を知ることによって、ひも解かれることがあります。それも過去世セッションをご提供する、大きな意義のひとつだと考えます。今回のケースはその一例となりました。辻様、本当にありがとうございました。

パートナーが現れる？

西野様（仮名）とは長いおつき合いになります。友人でもあります。起業の時期も同じくらいで、私がゆっくりマイペースで仕事をしている間にあっという間に法人化した、すご腕のビジネスウーマンです。

シングルマザーだから、「やるしかなかった」と彼女は言うけれど、私は知っています。もともと天才的なビジネス脳をお持ちなのです。それはボディーメッセージのとき、頭部のエネルギーからも感じ取れたほどです。

視点が違うというのでしょうか？　お話を聞くと、なるほど～と、まさにコロンブスの卵。なぜ思いつかなかったのだろうということを、サラッと提案されるのです。圧巻です。特にその才能は物を売るときに、さらに発揮されます。私は密かに「物販の女王」と呼んでいます。

以前西野様がセミナーを開催したときのこと。休憩時間に自社商品が並ぶ陳列棚に受講生が集まってきます。西野様は営業するわけでもないのに、商品が飛ぶように売れます。あれはなんでしょう？　私も参加していたので目の当たりにしています。営業はしないけれど、自分自身がその商品のファンだから、こんなふうに使うと使いやすい、この商品のここが好き、そして思ってもみない使い方等を紹介しているだけで売れてしまう。さすが「物販の女王」です。

さてそんな西野様ですが、真剣に婚活している時期がありました。信頼できるパートナーを探していました。西野様がお仕事上で知り合ったご夫婦がいらしたのですが、そのお二人の関係が西野様の理想でした。

プライベートでもパートナーであり、事業を一緒にしていくという点ではビジネスパートナーでもある。そういうパートナーが欲しいといっていました。ちょうど法人化した頃からでしょうか？　大きな責任を伴うようになってからは、よりパートナーを求めていたのだと思います。もし両方のパートナーにならなくても、プライベートのパートナーは欲しいと強く願っていました。

ボディーメッセージのセッションでも、テーマはいつもそこにありました。恋愛とか結婚の情報って、カラダに出やすいのです。

逆にいえば、どんなに頭で望んでいても、その情報がないときは、本当にカラダに出ません。出会いがないのです。


そんな時期が長く続いたころ、ある日突然、本当に突如としてパートナーの情報が出たのです。「あれ？　西野さん、パートナーに出会うよ。うん、ビジネスパートナー。でも？　もしかしたらプライベートでもパートナーの可能性があるかも？　うーんちょっとまだ微妙。でもビジネスパートナーであることは間違いないです。すぐにではないけれど出会います。そして男性としてはやや小柄な感じかな」。

そんな待望のメッセージが出たのです。私はものすごくうれしかったのを覚えています。


でもこの情報は、少し先の情報でした。だから西野様にすぐにパートナーができたわけではありませんでした。おそらく二年近く経った頃でしょうか？

西野様が新しい事業も手掛けることになり、一緒に仕事を始めた方がいました。その方が、やがてビジネスパートナーになっていったのです。

ボディーメッセージのセッションでも、その新しい事業のご相談が多かったのですが、ある日おつき合いしている方がいるという、うれしいご報告を聞きました。「わ～おめでとう。本当によかったね～」と、このときも私はとてもうれしく思いました。そのビジネスパートナーが、プライベートでもパートナーになったのでした。

そのうれしいご報告、彼の様子を聞きながら、はたと気づきました。「その彼は、数年前のボディーメッセージで出た人じゃない？」と思い出したのです。

ビジネスパートナーとして出会う。プライベートな関係はまだ微妙。でもなくはない。この、「なくはない」の情報を、西野様のカラダはすでに数年前から持っていたということです。

単純に仕事だけのパートナーという関係性であったら、ビジネスパートナーと出会うというところに落ち着くはず。それなのに、そのときはまだ未知で、出会ってさえいないのに、わずかな可能性すらカラダは知っていたということです。

こうして書いていてもまどろっこしいのですが、あなた様に伝わっていますか？この微妙な感じが。いえ、繊細なカラダの情報が、というべきでしょうね。

本当にカラダって素晴らしい。まだ出会ってもいない、未知の情報すらキャッチしているのですから。

ほかの方の事例をみても、恋愛や結婚というものはカラダの情報として立ち上がりやすいようです。きっとそれは本能に近いものだからですね。

パートナーを求め、子孫を残し、次の世代へとつなげていく動物としての本能ゆえ、より早く、より確実にアンテナが立ち、多くの情報をつかみ取るのだと思います。初めて出会ったにもかかわらず、「私、この人と結婚する！って思った」というお話をよく聞きますよね。

それは単純にロマンティックなお話というより、もっと野生に近い、何かしらの情報をキャッチしているのだと思います。改めて、カラダの情報のすごさに驚いた私です。西野様、本当におめでとうございました。

カラダからのミッション

いつの頃だったでしょうか？　ボディーメッセージのセッション中に、「こうしたほうがいいよ」という、アドバイスのようなメッセージが出たことがありました。

初めて出た頃は、「○○したほうがいいことあるかも？」くらいの軽い感じでメッセージをお伝えしていたら、それを実行した人の変化が素晴らしく、ご本人も自分の変化を自覚され、喜んでご報告くださったのです。

なんだかミッションのようで面白いなぁと、私もうれしい気持ちでいました。そういうメッセージが何回か続いた頃、そのお話を友人から聞いた方から「私にもミッションを出してください」とオーダーが入ったのです。

通常はセッション中に自然と出てくるものをミッションとしてお渡ししているのです。しかし、「ミッションが必要。欲しい」というオーダーにも、カラダはきちんと答えてくれて、ミッションを伝えてきたのです。

もともと当サロンはご紹介の方が多く、お友だちだったり、家族だったり、仕事仲間だったりするので、ボディーメッセージを受けてくださった方同士で、セッションのお話をするようです。

セッションメモを見ながら「そうそう！」「そうなんだね！　よかったね～」などと、自然にお互いのメッセージをシェアし、ミッションのことを知ったようです。

堀内様（仮名）もそんなお一人だったと思います。もはや堀内様は、ミッションの達人といってもよいのでは、と私は思っています。

まず、ミッションそのものをいつも楽しみにされていることです。「わ～、今回はどんなミッションが出るのかな？」と始まる前からワクワクしています。これは堀内様がご自身で未来をつくっていくということに対して、貪欲でもある証拠です。本当にうれしく思います。

しかも楽しみにできるのは、ご自身が変化を感じているから。そのことは端から見ても感じますが、やはりご自身で気づいていることが、何より自分への信頼になっています。

中国の『易経』にある「運は動より生ず」。この言葉のように、自分で自分の運を動かしていくこと。自分の人生に対して能動的であること。そうあるために日常の中に切り替えのスイッチを見つける。それがミッションなのだと思います。

長い歴史を通した経験則とは全く違うのだけれど、確かに存在するもの。その時々でカラダが発する自らの方向づけのために必要なスイッチ。しかもどんなスイッチなのかは出るまでわからないという、ちょっとしたゲーム感覚もあります。

でもこのゲーム感覚に油断して、コンプリートする（成し遂げる）機会を逃すと、停滞したままになります。ミッションはなかなかに辛辣《しんらつ》です。だからミッションはコンプリートが前提です。そう確信した事例がありました。

だいぶ前のことです。同じように婚活中の二人の女性がいました。ミッションをコンプリートした女性は出会いがあり、結婚され、お子様もいます。コンプリートしなかった女性は今も独身です。お二人とも離婚を経験したシングルマザーでした。

私はこのとき、ものすごくショックを受けました。ミッションだけが理由でないことは承知しています。でも「ミッション」にはそれほどの力があるのではないかと。だから私は決めました。ミッションはコンプリートが前提であること。それ以来「コンプリートできないかも?」という方にはお出ししません。逆にカラダがミッションを求めていて自然に出てしまう方には、「必ずコンプリートしてください」と強くお伝えしています。

ですからミッションは、簡単でわかりやすく、実行可能なものを意図しています。ミッションを受け取りたい方がいましたら、どうぞ心配しすぎないでお越しくださいね。

さて話を戻しますと、達人の堀内様は必ずミッションをコンプリートして、そのご報告もくださいます。写真付きで送ってくださるので、こちらまでウキウキしてしまいます。

あるときは「神社に行く」というミッションだったと記憶しています。○○神社という指定の形では出ません。でもちょうどそのとき、堀内様がある神社に行ってみたいと思っていたときだったので、ベストタイミングで参拝し、ミッションもコンプリートできたのです。

堀内様は不思議とそういう形でリンクすることが多いように思います。ちょうど最近ソレが気になっていたということが重なっているのです。

だからでしょうか、ミッションをコンプリートするまでの期間も早いです。その早さはクライアントさんの中でもトップスリーに入るのではと思います。

あるときのミッションは「水色の絵本を見る」というものでした。ミッションを出しながら、私としてはちょっと難しいミッションかな?と思いました。絵本ではなく、水色の絵本というところが限定されていたからです。堀内様は少し考えていたようでしたが、「水色の絵本? 家にあったかもしれない」と言いました。

すると翌日にはもう「絵本ありました~」と、写真と一緒にコンプリートのご報告がありました。この早さ、この実行力です。こうしてますます変化されていくのですね。つい最近届いたメールには、「どんどん整っている感があります」という、うれしいメッセージがありました。

もともと食育の活動をされていた堀内様は、明るく、笑顔が素敵で、ガッツがあって正直でまっすぐな方でした。この本質は変わらないけれど、むだな力というか、力みがなくなってきたのです。このことで活動の範囲も広がり、人にも恵まれ、いい感じに整ってきているようです。

「○○でなければならない」という制約がどんどん外れ、**人は一人一人違っていい**ということを体感レベルで身についている。それがご自身の「整っている感」につながっているのでしょう。

余分なものがそぎ落とされ、自分の輪郭がくっきりとし、さらに中心線もより明確になっている、そういう印象を受けました。そうして自分に期待し、チャレンジしていく。これって最強です。

これこそが**自己信頼**。その信頼できる自分が発するメッセージやミッションだから、なおさら信頼できる。そしてまたさらに進んでいく。このよい循環の中にあります。これからの堀内様の活動がますます楽しみです。

照らし、寄り添う人

そのセラピストさんは、密かにお会いしたいと思っていた方でした。その当時からご活躍で、ＳＮＳでもとても魅力的な方だと拝見していました。そんなとき、ある方のランチ会でご一緒することになったのです。

偶然にも隣の席だったのに、緊張してほとんど話せませんでした。親しくなった今では、あのときはお互いに緊張していたのだなとわかります。

ざっくばらんで、まさに男の子がいるお母さんという感じです。スポーツ少年二人を元気に育て、日々奮闘しているお母さんです。

彼女の名前は佐山様（仮名）。そのランチ会からご縁がつながり、ボディーメッセージを受けに来てくださいました。初めてのセッションで、初めて手のひらに触れたとき、私の目の前に灯台がみえました。

私は視覚優位ではないので、メッセージで映像がみえる割合は本当に少ないのです。でもこのときは、ハッキリと岬にある大きな灯台がみえました。

この「みえる」についてですが、霊視などができる方は、おそらくそのままがみえるのだと思います。つまり実際に存在している岬や灯台などです。だからその場所に行けば確かに海や灯台があって、名前があって地図にも載っている。そんな感じではないでしょうか。

しかし私の場合は違います。その人が発するエネルギーが集まり、集約すると、こんなイメージなのでは?というものが形となって立ち上がってきます。

それが今回は「灯台」でした。ですからこの「灯台」が何を意味しているのか?なんの象徴であるのか?を読み解いていかなくてはなりません。

灯台は暗い海を照らすものですが、ネオン街のキラキラ、ギラギラした明るさとは違います。つまり佐山様の中にある明るさは、優しく照らすような明るさであることの象徴です。加えて灯台は、船が漆黒の闇の中で航路を見失わないようにする「見守る立場」という象徴でもあります。

だからこのときに私は、心の中で「あ～、佐山様は灯台になる方なんだなぁ」と確信しました。三十代の若さで、すでにそのエネルギーを持っている。そのことに私は感動しつつ、ハッキリとお伝えしました。

「佐山様はまだ若いからわからないだろうし、自覚もないと思うけれど、あなたは将来、みんなの灯台になる人です。どうぞそのことを自覚して、今からそのおつもりで仕事をなさってくださいね」。

エネルギー（気）ってみえないけれど、確かにあるのを、あなたも感じているのではないでしょうか？　何かいやな感じとか優しそうな感じとか、いろいろな印象があると思います。

ちょっと不思議ですよね。色も形もみえないけど、確かに違いがわかる。そのみえないエネルギーも、集合体となると、がぜん色合いを帯びてきます。人それぞれの色合いや質感といったようなものが構成されていくのです。これが独自の雰囲気とかオーラとかになっていくのではないでしょうか。

それらを含めて、私はボディーメッセージ・セッションの中で、「あなたのここが素敵。素晴らしい」ということをお伝えしていきます。ですが、「あなたは○○な人です。○○してくださいね」と断定的にお伝えすることは本当に数少ないです。

でもこのときばかりは、ハッキリとお伝えしておかなくてはと、強く感じたのです。単純にこういうふうに仕事をしてくださいね、というより、そういう使命を持って生まれてきた。そんなふうに感じたからです。

個人的には使命という言葉は好きではありません。昔は「私の使命はなんでしょうか？」というご質問も多かったのですが、使命は生きていく中で成していることが使命なのではと、今私は考えています。

でもまれに、まだ成してはいないけど、必ず成さなくてはいけないことがあると感じる人がいます。そのときには、「使命」という言葉を使うことがあります。佐山様はまさにそういう方でした。

暗い中、皆を明るく照らす存在。海路に迷ったとき、「あそこに灯台がある」と皆を安堵させ、指標となる灯台。そしてこの方向に進もうと、皆を導いていく人。若いけれど、いや若いのに責任がある立場。私にはそう思えました。

そういった意味でも本当に魅力的な方でした。でも日常生活では子どものようなところがあるのです。しかもときどき私に、早食いを注意される佐山様です（笑）。

その後何度目かのボディーメッセージのときに、アロマの話題になりました。ご自身のアロマブランドも立ち上げ、セッションでは、その香りの美しさとメッセージの的確さに定評があります。アロマについての講座も開催することになりました。

でもそのことでお悩みがありました。それは「講師」というものへの、抵抗感でした。講師ってなんだか偉そうで、一段上から受講生に教える感じがしていやだというのです。

私は佐山様に「アロマを伝えたい」という気持ちをイメージしてもらいました。すると伴走しているイメージが伝わってきました。決して上からものを言っている感じではありません。

伴走とは走者のそばについて一緒に走ること。決して一段上から見下ろすように教えるのではありません。伴走という在り方が、本当に佐山様らしいなと思いました。

もっとわかりやすくたとえるなら、ブラインドマラソンの伴走者のように、ほんの少し先のアドバイスをしながら、一緒に走ることができる人です。「ここから少し右にカーブします」とか「なだらかな登り坂が始まります」といったように。そう伝えながら走者のゴール（目的）を一緒に目指せる人なのです。

今セラピストの数は増えていますが、こんなふうにクライアントさんと並んで走れる方がどのくらいいるだろう？と思います。だからこの若きセラピスト佐山様は、やはり私の尊敬する人なのです。

名前が美しすぎる美人姉妹の母

ご縁がつながり、姉妹でボディーメッセージを受けてくださった方がいます。妹さんが先に受けてくださったと記憶しています。そして妹さんからのご紹介でお姉様が、さらに最終的にはお二人のお母様も受けに来てくださったのです。今回の事例はお母様のお話です。

まずこの娘さんたちが美人姉妹なのです。これはＤＮＡのなせる技ですね。そして二人ともお名前が美しい。美人さんは名前まで美人なのね！と、ちょっぴり嫉妬したほどです。ここでは実名を出せないのが残念なくらいです。

本書では、私がない知恵とセンスを絞ってひねり出し、つくり出した仮名です。ですから本来のお名前の響きの美しさと、漢字の形象の美しさが出せていないことはご了承ください。

姉　佐藤　彩希乃《さきの》さん。
妹　田中　美玲《みれい》さん。

お二人にお会いするたび、正確にはお申し込みいただいたときにみるお名前に、いつもときめいていました。お名前と同時に美人さんのお顔が浮かびます。
そして面白いのは、美しいお名前を持つお二人ですが、ご結婚後に変わった苗字のほうはお二人ともごく一般的な苗字なのです。たとえば右のように、佐藤さん、田中さんのようにポピュラーで、人数の多い苗字です。
佐藤さん、田中さんの苗字を否定しているわけではありません。そこのところは誤解のないようにお願いいたします。ただただ美しいお名前をお持ちの美人姉妹であるということが伝わりますように……。

そんなある日、このお二人から「母のボディーメッセージを予約したいです」とお申し込みが入りました。そこには当然お母様のお名前が書かれています。「神宮寺敬子」さん（このお名前ももちろん仮名です）。

「え？　ちょっと待って。神宮寺さん？　この美しい苗字が娘さんたちの旧姓？ということは、神宮寺彩希乃さんと神宮寺美玲さん？　えーー！」と驚愕したのです。

ただでさえ美しいお名前なのに、そこに旧姓のもつ響きが加わって美しすぎる。いったいこのお名前はどなたがつけたのだろう？　もう私はそのことを知りたくて、知りたくて、たまりませんでした。

当日お越しいただいた神宮寺様は、七十代に入られたと教えてくださいました。「どうしてボディーメッセージを受けようと思われましたか？」の問いに「娘にすすめられたから」とそれほど興味なさそうに言われたのが印象的でした。

正直でいいなぁと思いました。特にこれが聞きたい！という強いご要望もなかったので、むしろ私のほうが前のめりになって質問してしまいました。そうです！　娘さんたちのお名前の美しさについてです。

「お嬢様たちのお名前がとてもきれいなのですが、どなたがつけられたのですか？」

「私がつけました」

「えっ？　どうやって？　どうして？」

と、たたみかけるように聞いてしまいました。すると神宮寺様はサラッと「『さっちゃん』って呼んで育てたかったから」と言いました。

もう、私は倒れそうなほど衝撃を受けました。彩希乃さんを「さっちゃん」と呼んで育てたい。それだけ？

でもそれは「さっちゃん」と呼ばれて育った小さな女の子が、やがて大人の女性になっていく過程をすでにイメージできているということです。こういう女性になってほしいという思いが、日々の呼び名で構成されていく。そのことを神宮寺様は本能的に知っていたのではないかしら？

いや、本能というよりも圧倒的な個性なのでは、と、ボディーメッセージを通して気づきました。耳のあたりに手をかざしたときに、他の部位とは違う強さのようなものがありました。神宮寺様の耳が発するエネルギーが、私の手のひらを押す感じです。

でもそれは単に、エネルギーが強いとか、圧があるとかいうのとは全く違います。もっとユニークなのです。広がるような発展性を感じます。広がって変化していくような感じというのでしょうか。

音をただ音として捉えるのではなく、音（一音一音）が発するエネルギーの質をキャッチできているのではないか？　そう感じました。そこからさらに、音が連なってできるものをイメージできているのではないか？とも思ったのです。

平たくいえば「音」からイメージを広げる能力が高いのだと思います。もうこれは天性のもので、才能といってもよいのではないでしょうか。

音楽ではありません。「音《おん》」です。いろんな音そのものから、それぞれが持つエネルギーの質をイメージできる才能です。そういう耳を持っていたのです。

その後もボディーメッセージの中で特筆すべきことがありました。それは「コミュニティ」という言葉です。この言葉をお伝えすると、神宮寺様の瞳がキラッと光りました。もっといえば、キラリーンと瞳が輝く感じです（アニメの主人公のように）。「実は以前、お年寄りの方たちが気軽に集い、お茶を飲み、おしゃべりをして過ごせる古民家のような場所を持ちたいと思っていたことがあったのです」と言いました。

今は独居老人が増え、さびしい思いをするだけでなく、孤独死するケースも増えています。そういうことを少しでも解消できるように、優しい場をつくりたいとお考えでした。でもその当時は、実現まで至りませんでした。だからこそ神宮寺様は、この「コミュニティ」という言葉が出たことに驚いていました。

そこで私はお伝えしました。「頭では忘れてしまっていることでも、カラダからメッセージが出るということは、カラダが強く訴えたいことなのです」。

すると神宮寺様は「そうですか、わかりました」と言いました。おそらく、もうこのときには決心されていたのでしょう。

少しして娘さんからご連絡をいただきました。なんと神宮寺様はあっという間に場所を見つけ、コミュニティの場をつくられたのです。そして諸々の事情により、法人化することになり、七十代にして女社長になったのです。

本当にカラダってすごいですね。何がすごいって、忘れないってことです。ずっと覚えているのです。

ご本人にとって**本当に大切なこと、必要なことはカラダからなくならない。**そのときは実現できなくても「時」を待っている。しかもしたたかに「時」を待っている。

その人にとって、ここぞというタイミング。いわゆるベストなタイミングに花を咲かせるために待っているのです。それは、いったん影をひそめたようにみえても、やがて美しい花を咲かせるために、種としてカラダの中に温存されているのでしょう。

人生ってこんなことが起きるのですね。本当に何が起きるかわかりませんね。年齢なんか関係ないのです。いくつになっても出会えるし、始められます。そして楽しみとドキドキに満ちています。

こうして私も日々クライアントさんのお話から勇気づけられたり、希望が持てたりしています。特に当サロンの七十代のマダムたちの躍進が素晴らしく、憧れます。そして心から尊敬しています。そういう方々にお会いできるのも、この仕事のおかげです。皆様、本当にありがとうございます。

未来を自分でつくる

私が尊敬する七十代のマダム、鈴木様（仮名）が、初めてボディーメッセージを受けられたときのお話です。もともとどうしてボディーメッセージを知ってくださったかというと、ＳＮＳからでした。すでにこの時点で尊敬します。

私がＳＮＳを始めたのは五十代に入ってからですが、自分だったら七十代でＳＮＳを始めることとなんてできないと思います。それをサラリとやってのける鈴木様。

長く食育に関わり、これからの地球、子どもたちの未来のために日々お仕事をされています。そんな中、食育仲間がボディーメッセージを受けたという投稿をご覧になり、興味を持たれ、直接私のところへご連絡くださったのです。

この好奇心、行動の早さ、軽やかさ。本当に素敵です。このことは鈴木様を象徴しているように思います。まっすぐな思い、そしていろんなことを面白がれる好奇心に満ちている。そして何よりも人生を味わいながら生きています。

通常ボディーメッセージには未来の情報も含まれます。その方の一年先の情報をお渡ししています。この一年先の情報というのは信頼度が高いです。

しかしまれに、数年先の未来の情報がクリアに出る方がいるのです。数年先というのは、不確定要素が強いため、どんなに素敵な情報（メッセージ）が出たとしても、「本当かしら？」「そんなにうまくいくわけがないわ」「私には無理だわ」等の思いがあると、その情報は消えていきます。私のイメージでは、シュシュッ～と風船の空気が抜けていくような、あの感じです。

だからそのメッセージを採用したいと思ったら、「私、そうする！」「そうなっていく」と強く思って信じることです。もっといえば、「そうする！」と決めることです。

どなたにもお伝えしていますが、ボディーメッセージはその方の情報です。その方自身のものですから、どう理解し、どう使ってもよいのです（あたりまえですが）。

だから逆にいうと、使わなくてもよいのです。使う、使わない、どう取り扱うかはご自身の自由です。

前置きが長くなりましたが、鈴木様から未来の情報が伝わりました。それは五年くらい先にまとまったお金を得るというメッセージでした。今まで多くの方のメッセージを受け取ってきましたが、こんなに現実的で具体的なメッセージを受け取ったのは、初めてでした。

鈴木様らしいというのか、現実的でタフなメッセージにこちらも笑みがこぼれます。そのメッセージをそのままお伝えしました。「五年くらい先にまとまったお金をゲットすると出ましたよ」。

すると鈴木様は「えー、私そんなに待てません！」と言いました。こういったやりとりも鈴木様が初めてでした。

確かに七十代に入ってからの五年後は長すぎます。私ももう少し突っ込んで、メッセージを再度聞いてみました。そしてなんとか「う～ん、三年～五年後でしょうか？」とお伝えすると、鈴木様は「三年でいきましょう～」と高らかに宣言したのです。これまたビックリです。

未来のメッセージに対して自ら高らかに宣言したのは、鈴木様が初めてです。この大らかでかつ意欲的な姿勢に、じゃっかん押されながらも、私は「そうですね。三年でいきましょう〜」とエールを送りました。

鈴木様とは、セッション以来お会いしてなかったのですが、その三年後、「またボディーメッセージを受けたい」と、突然ご連絡が入りました。そしてお越しくださったときに報告してくださったのです。

「実は今回ボディーメッセージを再び受けようと思ったのは、片づけをしていたら前回のセッション・メモが出てきたのです。見直したら三年後にまとまったお金をゲットすると書いてあった。まさにそれが現実に起きたのです」と教えてくださいました。

「えーっ！　そうだったのですね」と私。喜びと驚きの両方でした。

そしてさらに詳しく聞くと、鈴木様はボディーメッセージのこともセッション・メモのことも忘れていたそうです（ちょっと悲しい）。断捨離しようと片づけをしていたときに、和紙の表紙のメモが出てきたそうです。何?・?コレと思いながら中を開いてみたそうです（ちょっと悲しい）。すると前述したことが書いてあり、まさに現実に起こっていたのです。

私はこのご報告を聞いて、人生は自らがつくっていくものなのだと確信しました。誰の人生でもない。自らの人生なのだから自身でつくっていくのだ、と。

よく耳にする「思考は現実化する」のとてもわかりやすい、しかも現実的な事例だと思います。ですから、ほかのクライアントさんにも、わかりやすい事例として紹介させていただいています。

鈴木様は、自分が何を意図するのか、どんな前提、世界観をみて生きるのか、さらに執着しすぎないこと等、うまくいく方法を自然体で身につけていると思います。素敵な人、憧れの人には何かしらのヒントが隠されているものです。あなたのまわりにいるそういう方々を、ぜひ観察してヒントを見つけてくださいね。

さてその後の鈴木様はボディーメッセージを定期的に受けられ、自らのカラダが発する未来の情報を使いこなしています。明確な意思のあるメッセージをフル活用され、未来を創造しています。お会いするたびにそんなお話が聞けることも、私の楽しみになっています。

長い間、食育に携わり、米粉のパンに興味を持ち、勉強されました。鈴木様がつくった米粉パンがおいしくて、鈴木様に米粉パンを習いたいという方たちも現れました。そしてなんと、米粉パンの講師にまでなってしまいました。

そのご活躍で某NPO法人からお声がかかり、理事の就任のお話も出ているとか。まさに人生をつくり上げているのです。

年齢に縛られることなく、興味、好奇心に素直になっていい。人生を面白がっていい。そして自分の思うようにデザインしていい。そんなことを鈴木様に教えていただきました。

そしてこの本を書くにあたって、鈴木様に事例掲載の承諾を得たときのことです。もちろんご快諾いただいたのですが、こんなふうに言ってくださいました。「私もボディーメッセージに出会って本当に人生が楽しくなってきています。だってそのとおりになっているのですからね」。

これが、鈴木様ご自身で人生をつくっている証だと思うのです。これからもその素敵なお手本をみせてくださいね。そして若い方々を牽引していってくださいませ。

父を憎んでいます

お友だちのご紹介でボディーメッセージを受けてくださった平林様（仮名）。背が高くスレンダーな方。持病があったので、そのこともあってボディーメッセージに興味を持たれたようです。

ただ、ボディーメッセージは前でも少しお伝えしたように、臓器の声を聞いたり、病気の原因や、これからのことなどを聞いたりするものではありません。その旨は事前にお伝えしました。

ご紹介者のお友だちも同席されました。お友だちがメッセージの聞き漏れがないようにメモしてくださっています。私のほうも、終了後にセッションメモはお渡ししていますが、ご友人だからこそわかる必要なメッセージを漏れなくという、お気持ちが伝わってきます。

お友だちをご紹介される方の中で、同席される方もわりといます。静かにしていただければ、それもいいなと私は思っています。ご紹介者は単純な好奇心というより、見守りたいというお気持ちの方が多いです。ご自身が紹介したからこその責任のようなものと、メッセージを役に立ててほしいという、祈りのようなものに近いのではないでしょうか。

セッションが始まりました。カラダの中には、平林様の生きてきた軌跡がたっぷりと刻まれていました。ご苦労も多かったようです。お母様が女手ひとつで育ててくれた、というお話になったとき、平林様のスイッチが突然入りました。

それは、お母様が苦労されたこと、その苦労を子どもながらに肌で感じ、助けたり、我慢したり、そんな自分を悔しく思っていました。そのせいで、他の子を羨ましく思ったことなど、もろもろすべてが父親のせいだ！という強い思いです。

お父様は事故で、平林様が三歳のときに亡くなっていました。ですから、ご自身にはお父様との思い出はあまり記憶にありません。

それより、父親が早くに亡くなったせいで、母親が幼い子どもたちを抱えて、ただただ苦労してきたという記憶しかありません。すべてお父さんのせいだ！　お父さんが悪い！　お父さんさえ早く死ななかったら、皆が苦労しないですんだはず。

ずっと長い間、そう思ってきました。そしてそれは憎しみに変化していきました。

だから平林様はお父様を憎んでいたのです。


「平林様のお気持ちはよくわかりました。ではお父様の側からのメッセージを聞いてみましょうか？」とご提案しました。そのときに、古い写真を見せてくださいました。

平林様の二～三歳の頃の写真でした。優しそうなお父様と一緒に写っている、小さいサイズの写真です。お父様との写真はそれ一枚しかないとのことでした。

憎んでいるお父様のたった一枚の写真を捨てずに持ち続けていたのは、愛憎というより、自分の存在意義のために手放せなかった、というふうに私は感じました。母とこの父との間に生まれた、自分自身の証のようなもの。それはやっぱり大切だから捨てられない。そういう思いに、こちらの胸が痛くなりました。


お父様から平林様への思いを受け取ると、それはそれは温かいエネルギーに満ちていました。そして三歳のかわいい娘さんを愛していたというエネルギーが伝わります。

「かわいくて、かわいくて」という言葉とともに。

よく「目に入れても痛くないほどかわいい」という表現をしますが、まさにそれです。お父様は、歌うように何度も「かわいくて、かわいくて」といっています。お父様がどれほどまでに、娘のことを愛おしく思っていたのかが伝わりました。ですから私はそのことをしつこいくらいにお伝えしました。

人って不思議です。たとえよいことであっても、その言葉に納得しなかったり、その言葉の真意が伝わったりしないと、全く受け取れないのです。

平林様はお父様から愛されていた記憶もその自覚も薄いため、この思いがなかなか伝わりづらいのです。すると、繰り返してお伝えしているうちに、あるビジョンが見えてきました。

それはお父様が、三歳の平林様を赤ちゃん抱っこしているのと同じ感覚で、現在四十代の平林様を抱っこしているのです。いくらスレンダーといっても、背が高い平林様。そのカラダを、お父様が赤ちゃんのように抱いているのです。お父様が「よっこらしょ」と声をかけて抱っこしているような感じまで伝わってきます。そしてゆらゆら揺り動かしているのです。

私が絵を描けたら本当によいのに……。残念です。青い空の上から雲の間を縫ってお父様が腕を長く伸ばし、四十代の現在の平林様を、まるで三歳の子どものように抱っこしているのです。

伝わりますか？　この感覚をあなたにも、ぜひお伝えしたいのです！　セッションの現場ではその様子を再現して、私がジェスチャーでお伝えしました。今思い出しても胸が熱くなります。そうして、お父様が今でも同じ気持ちで、四十代の平林様を愛おしく思っていることをお伝えしました。

このビジョンは象徴なのです。娘の誕生、そして自身が亡くなったときの娘の年齢、三歳から今の四十代に至るまで、**愛おしさは何も変わらない**ということです。

愛する気持ちは変わらないまま、自分が天国にいても同じように愛し続けていることを、お父様は伝えたかったのだと思います。もちろんその気持ちはこれからも続くということも伝えたかったのです。

逆にいえば、三歳のかわいい盛りの娘さんを残して旅立ってしまったお父様の気持ちを、理解するときが来たのではないでしょうか。そのタイミングに立ち会えたことが光栄です。

温かい涙に包まれた、幸せな時間、空間に、私もご一緒できて本当に幸せでした。

ありがとうございました。

平林様のお気持ちは急には変わらないかもしれないけれど、ご自身が愛されていたんだという思いを知ることができたのは大きな一歩になります。それは事実ですから。

そしてこんなにも印象的で、温かいシーンをみせてくださったことに感謝申し上げます。ありがとうございました。ボディーメッセージをご紹介くださったお友だちの山口様、本当にありがとうございました。

桜が教えてくれた

前述した十一のお話は、どれもそのときの情景、クライアントさんの様子など、今でもありありと思い出せるほど、印象的でした。そして最後は、これほどドラマティックでロマンティックなセッションはなかったのではないかと思えるエピソードです。初めてお会いしたとき、セッションの内容、さらにはその後の展開までも含め、記憶に残るセッションでした。

初めての出会いが印象的な方っていますよね。奈良様（仮名）もそういう方でした。知的でなんといっても品があります。品とは、その人のどの部分から醸し出されるものなのでしょう。部分ではなく全体像？　それも違う気がします。その人がまとっている空気感。オーラのようなものでしょうか？　それもピンときません。

とにかく奈良様はとても品があって素敵だったのです。その第一印象は今も変わりません。

そのときはその素敵さを悲しみのベールが覆っていました。それすらも質のよい薄いベールでした。でも薄いのに奈良様のカラダをぴったりとくるみ、とても苦しそうでした。

それは深い悲しみでした。愛おしい人を見送って、一人になってしまったというさびしさ、悲しさでした。大好きなご主人がご病気で旅立たれたのです。

奈良様の悲しみとは裏腹に、そのときの私の超個人的な思いは羨ましさでした。そんなにもご主人を愛せるなんて羨ましいな。もし自分がその立場になったとしたら、どれほどの思いを感じるのだろう。深い悲しみ。切なさ、寂寥感《せきりょうかん》。

私の胸の中のどのくらいの割合を占めるのだろう。そんなことを考えてしまいました。それほどまでにご主人を愛せた奈良様が、正直羨ましかったのです。

セッションが始まると、ご主人を思う気持ちがカラダのあちこちからにじみ出て、言葉どおり、いえ、それ以上に愛していたのがわかりました。そしてご主人からも愛と感謝の気持ちが伝わってきました。

今思えばあのときのお部屋の空間は、悲しみに満ちていました。けれどお二人の愛で、キラキラ輝いていたのではないかと思います。

前にも書きましたが、愛とか恋とかってカラダに出やすいのです。だからこのときのようにご夫婦の愛のセッションとなった場（部屋）は、美しい空間になっていたと思います。


ここでちょっと説明しておきますね。今回のように亡くなった方のメッセージを受け取ることがあります。でもそれは私がダイレクトに亡くなった方と交信できるのではありません。降霊術のように霊を降ろして憑依《ひょうい》させるのでもありません。そういう能力は皆無です。

ただ、亡くなった愛おしい方々は、生きている私たちにたくさんのメッセージを送ってくれています。それはまるでシャワーのようにたっぷり降り注ぐ感じです。

ですからその思いを受け取っている私たちのカラダに触れれば、空の上の方々の思いを受け取れるのではないかと、意図して行っています。

話をセッションに戻しましょう。ご夫婦の思い出話やエピソードを聞きながらセッションは進みました。時おり涙されるときもありながら……。これを書いている今は温かい涙だったと感じますが、この当時の奈良様にとってはさびしい冷たい涙だったと思います。

その中でとても印象的なシーンがありました。それは桜でした。大きな桜の木。桜並木といってもよいでしょう。

私がそのことを聞くと、「毎年、二人でお花見を楽しんでいました」と言いました。「これから、一人でするお花見はさびしい」とも言いました。

でもなぜかお二人でお花見をしているように感じたので、「目にはみえないけれど、ご主人も一緒に桜を楽しまれていると思いますよ。そう思ってお花見をしてくださいね」とお伝えしました。

そしてさらにこんな素敵なメッセージも出たのです。それはご主人から奥様にプレゼントが届くというのです。もちろんご主人は空の上にいます。

私はメッセージをお伝えしながらも、ロマンティックだけど、いったいどういう意味かしら？と内心では思っていました。亡くなった方からプレゼントが届く？　どういうこと？　どんなふうに？　本当に？

思考ではそんなふうに考えてしまうけれど、カラダのいうことにはうそがありません。きっとご主人から愛おしい奥様にプレゼントが届くのでしょう。

でも奈良様もちょっと不安気に「どういうことでしょう」と質問されたので、再びメッセージを聞くとご主人からの「大丈夫！　きっとわかるから」と、熱い思いが伝わりました。

もう、待つしかありません。プレゼントが届くことは間違いないし、届いたらそれがご主人からだと必ずわかるのですから。

亡くなった愛おしい方たちは、生きているこちら側の私たちが思うよりも、ずっと愛を注いでいてくれます。それを確信できたセッションとなりました。本当にありがとうございました。

このお話には後日談があります。そうです！　ご主人様からのプレゼントです。

桜の時期に、奈良様はご主人と一緒にお花見をしている気持ちでお花見をされました。それも心が落ち着くことでしたが、数日後のある日、ご主人のお知り合いが突然訪問されたのです。

頻繁にご自宅を訪れるほどの間柄ではなかったそうですが、その方は大きな桜の枝を持って来られたそうです。よく老舗の料亭や和菓子屋さんで飾っているような、風情のある大きめの桜の枝です。イメージ湧きますか?

奈良様はその桜の枝をみたとき、「夫からのプレゼントだ」と確信したそうです。「大丈夫! きっとわかるから」。ご主人が言ったとおり、奈良様にはわかったのです。このご報告をいただき、私も胸が熱くなりました。ご夫婦の愛情の深さに感激でした。ご主人はなんてロマンティックな方なのでしょう。

毎年桜の季節には、この思い出がよみがえります。ご主人は空の上から、一緒にお花見をされていることでしょう。桜はお二人をつなぐシンボルなのですね。離れて生きていても愛されていることがわかるって素敵です。奈良様は本当に幸せな方です。

そういえば、先日のボディーメッセージでは、なんと、お姑さんから感謝のメッセージが伝わりました。きっとご主人が天国で、先に逝かれたお母様に奈良様への感謝の気持ちを伝えていたのですね。だって、お姑さんから感謝されるお嫁さんはなかなかいませんよね。素晴らしいことです。

奈良様は現在では思い出を大切にしながらも、日々とこれからの未来を楽しみにしながら生きています。そのお姿が素敵ですし、スピリチュアルにも造詣が深く、その姿勢に私も教わることが多いのです。

私が六十歳になったとき、これから何をなすべきかわからなくなったことがありました。そのときに素敵な助言をくださったのです。私も同じような年齢になったとき、こういう存在でいたいなぁと思っています。これからも私の、そして後輩たちの憧れの先輩でいてくださいね。いつもありがとうございます。

第三章

「ボディーメッセージセッション」を行う

この三つを意識してください

ボディーメッセージのセッションをしていくうえで、重要視していることは三つです。まずひとつめは、「**ファーストインプレッション**」です。

これは文字どおりで、一番最初に受け取ったものを採用することです。まぎれもなくこのファーストインプレッションこそが、確かなものであることを確信していくはずです。

私も当初は、最初に受け取った感覚に自信が持てず「えっ？　これ本当かな？」と、何度思ったことか。でもそのつど自分の気持ちを立て直し、ファーストインプレッションこそ正しく、すべてである、と言い聞かせ続けてきました。そこには恩師の言葉があったからです。鍼の恩師もチャネリングの恩師も同じことを言っていたのだと、結果的に知りました。

ここで少し、鍼の恩師の話をさせてください。私が目指していた鍼は、いわゆる東洋医学の古典的な鍼治療です。脈診がベースになります。患者さんの今の状態を、脈をみて把握するのです。それは脈の状態をみます。もちろんそこには脈の速い遅い、強い弱いなども含みますが、脈そのものがどんな感じか?ということも感じ取っていくのです。

たとえば、やわらかい脈と感じるとき、ふんわりやわらかいときや、力がなく、くたっとやわらかいとき等があります。そんなふうにニュアンスの違う感じをみていくのです。

最初はその感覚に自信が持てませんから、「○○な脈に感じたけど、それでよいのかな?」と、脈を二度三度と触れていくことになります。そうすると恩師にいつも叱られました。「そうやって何度も触れるうちに、脈なんかどんどん変わってしまう。一度でみる。それがすべてだ」。

確かにそうなのです。この脈の捉え方でよいのかなぁと、探れば探るほど脈は変わってしまいます。そうなるとファーストタッチの脈はもう現れません。これはいやというほど経験しました。だからこそ、ファーストタッチ、ファーストインプレッションがすべてだと確信しています。

かけだしの頃、友人の脈をみせてもらったことがありました。このときは本当に大切な経験となりました。なぜか心臓に関係する脈状に違和感を覚えました。なんとなくいやな感じのする脈です。

これがファーストインプレッション。でも心臓に関わる脈。しかもいやな感じ。正直ちょっと焦りました。伝えるのも聞き出すのも勇気がいります。

私は、「心臓の具合で何か違和感とかあるの?」と聞いてみました。友人は、「そうなの。なんだか変で病院に行き、今度二十四時間ホルター心電図をつけるの」と話してくれました。

このときに確信したのです。**それは、そのときの自分のレベル、器量でよい**のです。というか、しかたがないのです。自分の力以上のものは出せないわけですから。そのときに感じたものがすべて。それでOKということ。そのことを信じて研鑽するしかないと教えてもらった機会でした。

自分が受け取った、または感じたファーストインプレッションを信じるということ。

それはいわゆる「おごり」とは違います。**自分の感覚を信じていい!**ということです。でも最初はそこが難しい。いや、無謀すぎると感じることでしょう。だからこそ必要なことがあります。それがふたつめの「**検証**」です。

検証とは、わかりやすくいえば答え合わせをしていくことです。私はボディーメッセージの初期の頃のセッションでは、毎回検証をしていました。

初めてお越しくださった方のカラダからのメッセージを受け取るときに、事前情報なしでセッションを行うのです。

具体的にはクライアントさんが既婚か否か、お子様がいるのか否か、仕事をしているのか否か等です。そうしてセッションの中で、たとえば「子ども」というメッセージが出たとしたら、「お子様がいるのか?とか、お子様のことでお悩みがあるか?」などを確認していきました。

そういった小さなひとつひとつを積み重ねていきました。だから当初は、お越しくださった方にまずお茶をお出しするのですが、前述のようなことを話題にしないために、会話が続きません。

「今日は暑いですね」とか「電車は混んでいましたか？」などのあたりさわりのない会話のみなので、話は弾まずにシーンと変な雰囲気になってしまうのです。だから、初めての方は緊張してしまいます。そしてまた、それを感じる私も緊張してしまい、さらなる変な空間をつくり出してしまうのです。今思い出すと、本当に申し訳なかったと思います。

そんな変な緊張感をほぐすために、当サロンでは最初にお茶とお菓子で緩んでいただいています。現在もこの形式は続いていますが、これが意外なほど好評で、うれしく思っています。私自身にとっても大きなリラックスとなり、セッションに集中できます。「禍転じて福となす」です。

さて最後の三つめは、「**その場で終わらせる**」です。

これも言葉どおりですが、セッションが終了し、お客様がお部屋を出られたら、そこで終了です。いろんな思いを引きずったりしないことです。

このことも鍼の恩師とチャネリングの恩師は同じことを言っていました。業種は違えど、真理は同じなのだなと教えていただきました。

鍼の恩師は常々「患者さんを追ってはいけない」と言っていました。正直にいうと、言われた当時は意味がわからないまま、治療の現場を離れてしまいました。でもその言葉はずっと頭の中に残っていました。

その後、チャネリングの恩師に出会った私は、そこでも同じ言葉を聞いたのです。「クライアントさんが席を立ち、扉を開けて立ち去った瞬間に、セッションはすべて終了です」と。

これって鍼の恩師が言っていたことと同じじゃない？　そう思いました。それ以降、この言葉を意識するようになりました。が、正直にいうと、当初はこれがなかなかできませんでした。

セッションで、お客様に一〇〇パーセント持ち帰っていただきたいと思っていた頃は、「うまく伝わったかなぁ？」「あの点に関しては誤解していないとよいけどなぁ」「満足いくセッションだったかな？」などなど……。

それはもう引きずる、引きずる。夜お風呂に入りながらも、セッションを反すうしては、あれこれ考えていました。終わったことを考えても何も変わりませんし、双方にとってよいことは何もありません。

セッションの現場で起こることは、すべて必然。起こるべくして起こる。そういう前提で行っています。

ですからセラピスト側が○○を持ち帰ってほしいと強く望んでも、そうするか否かはクライアントさん側が決めること。たとえそのときわからなかったとしても、必要であればあとで必ずわかるから。

それはクライアントさんからのご報告で知ることも多いです。だから今はそんなに心配することがなくなりました。その時間を真摯《しんし》に向き合っていれば、それでいい。今はそう考えています。

感覚の得意パターンを知る

NLP（Neuro-Linguistic Programming）を学んだ方はご存知だと思いますが、人にはそれぞれ、脳の情報処理の得意パターンや傾向というものがあります。私自身はNLPを学んではいませんが、このVAKモデルの話を聞いたときに、とても共感したことと、理解しにくかったクライアントさんの様子がいっきに理解できたので、このVAKモデルはとても参考にしています。

VAKモデルは、人の五感を三つに区分しています。

- **Visual（視覚）**
- **Auditory（聴覚）**
- **Kinesthetic（味覚、嗅覚を含む体感覚）**

そしてこれらのうち、普段からどれを優先的に働かせているかで、視覚優位、聴覚優位、体感覚優位に分けられます。日常のインプット、アウトプットがこの傾向に出ます。コミュニケーションの中にも現れます。

「ボディーメッセージ」のセッションにおいても、この傾向は出ます。**ご自身の得意パターンが、一番無理のない形で力を発揮する**はずです。私自身は体感覚が一番強いので、カラダからの情報は、こんな感じというイメージで捉えることがほとんどです。それを言語に変換して、ボディーメッセージとしてお伝えしています。三タイプの中で伝えるのに一番時間がかかります。

視覚が得意な方は、やはり映像で受け取ることでしょう。「○○がみえました」という感じで、みえたものを言語に変換します。私の知人で、まるで映画を観るように美しく素敵な描写をされる方がいます。本当に羨ましい限りです。

目に写る映像（情報）は早いし、強いです。だからみえたそのままをダイレクトに伝えることが多いと思うので、ネガティブな情報の場合は、ちょっとひと呼吸おいて、クライアントさんが受け入れやすい言葉を探すとよいと思います。

山登り

何をイメージするか？

花のよい香り
岩のゴツゴツ
とした手触り

鳥のさえずり
風が吹き抜ける音

緑がきれい
木がうっそうと
生えている

聴覚タイプは音や場合によっては、音楽のように受け取ることもあるかもしれませんね。多くは言葉（単語）や文章で受け取ることが多いでしょう。

音に敏感な聴覚タイプは、自身が一定のリズムで話すことが得意なので、とても話が聞きやすいです。私の個人的な見解としては、説明が上手で知的な印象の方も多いです。その反面、淡々としているように感じてしまうこともあります。

どのタイプがよい、悪いはありません。その方の個性と考えてもよいのではと、私は思っています。

特にボディーメッセージのセッションをしてみたいとお考えの方には、ご自身の一番得意パターンを知り、そのタイプを使うのが一番自然で、よりよいメッセージをお伝えできるのでは、と思います。

セッションの手順①
場を整えて自分も準備する

場所や自分自身を整えるというのは、セッションをするうえでの大前提です。よけいなものやこと、考えに煩わされないようにすることです。集中力を高めることにもつながります。

部屋を整理整頓し、よけいなものを置かないこともそうですが、自分のエネルギーを上げる好きなアイテムを用いることもよいと思います。私は水晶が好きなので準備しています。セッション中もメッセージが出るたびに水晶に触れ、リセットしています。

香りも好きですから、アロマのスプレーも使っています。これはアロマセラピストさんにオーダーでつくっていただくこともあるし、最近は自分でつくることも多いです。

また昨年頃からは小さな音叉《おんさ》も最初に使っています。これは簡易的なものですが、やはり美しい音色は場を癒やし、整えます。セッションの初めや途中、気持ちや場をリセットするために、自分がしっくりくるものを採用してください。

そして自分自身を整えるのは、ゆったりとした呼吸や水分をとることです。良質なお水をとることもいいでしょう。

中には○○でもいいの？と思うようなものもあるかもしれません。私自身はコーヒーが大好きなので、一口二口程度の少量ですが、どうしても飲みたくなったときは口にしてからセッションを始めます。短時間でいっきに集中できます。

以前お会いしたヒーラーさんのお二人はたばこでした。お一人はセッション前に、もう一人の方はセッション後にたばこを吸っていました。

その当時（自分がセッションを受ける側）はとても驚きましたが、今自分がセッションする側になってみると、人それぞれ自分に合ったアイテムを使えばいいのではないかと考えます。たばこの是非はともかくとして、その人自身が集中し、臨めるものなら○ＫなのではないでしょうかＫ。

セッションの手順②
アファメーション

場所や自分自身が整ったら、次はアファメーションです。

アファメーションとは、自分のこれから（未来）を意図し、言語化して宣言することです。私の場合はセッションのつど、クライアントさんに合わせたアファメーションをしています。

たとえば「○○様がこれから、前を向き、誇らしげに堂々と歩いて行ける。そんなセッションとなることを、この○月の空、天高く意図します」といったようにです。特にこう言わなければならないという決まりはありません。ご自身のスタイルを見つけていってください。

セッションは、アファメーションから始まると考えています。マンツーマンのセッションではなく、複数の方々をリーディングしたり、あるいはイベントなどの短時間のセッションを行ったりするときには、声にこそ出しませんが、心の中でアファメーションを唱えています。

アファメーションはこのセッションをなんのためにするのか、またどの方向に向かっていくのかを、明確にする羅針盤のようなものだと考えます。アファメーションの内容も、もちろんクライアントさんそれぞれですし、経験値が上がると変わってきます。

私自身はなかなかアファメーションをうまく唱えられませんでした。言葉や文章のあげ方が下手でしたし、センスのかけらもありませんでした。これも本当に人それぞれです。

チャネリングの恩師のアファメーションは、それはそれは美しく、感動的ですらあります。セッションが始まる前からジーンとしてしまいます。そんなアファメーションに憧れ、真似してみた時期もありましたが、何か借り物の洋服を着ている感じで、らしくありません。

つたなくても、ダサくても、自分の中の言葉で発するのがよいと、頭を切り替えました。私の場合はロマンティックさには欠けますが、わかりやすく端的なアファメーションとなっています。これもよい悪いはなく、セラピストの個々のものです。

セッションを始めた初期の頃は、どんなアファメーションがよいのかわかりませんでしたから、一般的な「未来のための」とか、「楽しく進めるように」とか、どなたにも共通して言える言葉でした。

少しずつ経験値が上がってくると、始まる前からクライアントさんの今のエネルギーを感じ取るようになり、より具体的なアファメーションになっていきます。ですからまずは、そのアファメーションが前向きであれば、どういう表現から始めてみてもよいのではないでしょうか。

セッションの手順③

エネルギーに触れる

クライアントさんに着衣のままベッドに寝ていただきます。そしてカラダから少し（約十五～二十センチ）くらい離れたところでエネルギーに触れ、感じ取っていきます。この距離に決まりはありません。自分が一番心地よいスタンスで行います。

先述したように、私は体感覚タイプなので、手のひらで感じ取っていきますが、視覚タイプの方は、スキャンするようにカラダからの情報をみていけるのではないでしょうか？　聴覚タイプの方は音や言葉として聞こえてくるのではないでしょうか？

最初は「そんな気がする」というレベルかもしれませんが、ファーストインプレッションこそすべてです。あとは**クライアントさんと対話しながら、検証し続けていく**だけです。

順番に決まりはありませんが、ここでは私のスタイルをご紹介させていただきます。

私はカラダの情報をみるときに「頭部」「顔面」「体幹」「四肢」と分けてみています。試行錯誤でそうなっていきました。

①頭部

頭部は右側と左側とを比べ、**エネルギーを強く感じたほうを優位に使っている**とみます。右が強ければ直感タイプ、左が強ければ思考タイプとしていきます。感じ取る強さから徐々に質の違いも見つけていけることでしょう。

たとえば右の直感タイプでも、なんとなくそう感じるというような、ふんわりとした直感タイプの方もいれば、ビビッとくるようなとがった感じの直感タイプの方もいます。

特に私の経験上、左の思考タイプはいろいろなパターンがあって面白いです。たとえば熟考が得意な方、数字や計算が強い方、きちんと整理して並べてつなげて考えるのが得意な方、組み込んだり積み重ねていくのが得意な方、いろいろなタイプの方がいました。これはご本人にとっては、無意識にしていることなので、言われてもピンとこない方もいます。

たとえば組み込んでいくのが得意パターンと出たA子さんは、そうお伝えしても、ピンときていませんでした。でも、同席していたお母様には、すぐわかりました。「そうよ、そうよ！　スーパーの袋に買ったものを入れるとき、いつもピッタリきれいに詰めるじゃない」と。するとA子さんは、「え？　そんなこと？　皆さんそうじゃないの？」と、いぶかしげに答えました。

この会話には私も参戦し、大爆笑となったのですが、本当にそのとおりなのです。お母様にも私にもこの得意パターンはないので、スーパーの袋やエコバッグに詰めるのは苦手なのです。自分では丁寧にきちっと詰めたつもりでも、途中で斜めになっていて、卵の一個二個割れていた、なんてこともあります。

これは日常の中の具体的なことですが、きっと大きな問題解決のときも、人それぞれ得意パターンの思考をしているはずです。

②顔面

目や鼻、口からもエネルギーを読み取っていきます。目からはクライアントさんのものの見方や、捉え方が出ることが多いです。

鼻は顔の真ん中にあるからでしょうか？　その方の在り方や、何を大切にしているか等、信条にしているものがメッセージとして出ることが多いです。「正直に生きる」「貫く」とか。リアルに「鼻がきく」というメッセージが出た方もいました。

口も、やはり目と似ているかもしれません。口から連想されることが多いです。「うそがつけない」「ストレートなものいい」「大胆に発言する」などなど。

ただこれはあくまでも傾向なので、目や鼻や口からはほど遠いメッセージを受け取ることもあります。部位とメッセージの関係性がつながりにくいことも多々あります。

違う部位になりますが、たとえば脚から過去の恋愛に関するメッセージが出た方もいました。ですから繰り返しになりますが、**偏見を持たず、とにかくファーストインプレッションを大切にしてください。**

また、私の場合は体感覚派なので、こういった表現になりますが、たとえば視覚派の方は違う見方になるはずです。仮に「青色」でみえた場合、その「青」が凛《りん》として涼し気なのか、それとも孤独でさびしい色にみえるのかでは、違うはずなので、それを言語化して伝えていってください。

③体幹

体幹は、上、中、下の三つに分けてみます。上部は胸のあたりです。やはり女性の場合は、「母性」に関わることが多いです。逆にいえば、上部のときに、「母性に関するメッセージ（情報）はありますか？」と聞いてみるとよいでしょう。**カラダからのメッセージは、いってみれば「対話」**です。

わからなかったら聞いてみればよいのです。また発せられたメッセージがどういう意味かわからなければ、再度質問すればよいでしょう。私自身も、セッションの中でわかりにくいメッセージが出たときは、「これはどういう意味ですか？」とカラダに質問しています。

リーディングして伝えることは対話でもあります。クライアントさんのカラダ、そしてクライアントさん自身との対話でもあります。

体幹の中部は、いわゆるお腹と捉えるとよいですね。人によってはリアルな消化に関するメッセージを受け取るかもしれません。中心部なので、私の場合はクライアントさんの今の状態や、大切にしている信条的なものが出やすいです。「安定」「安心」「希望」とか、大きなところでは「平和」という言葉を発した方もいました。

でもそれにこだわらずに、まずは受け取ったものを大切にしてください。

体幹の下部は下腹部です。私の今までの経験上、**下腹部が一番メッセージと部位の関係性が深い**です。わかりやすくいえば、「母性」「女性性」「性」に関するテーマのメッセージが出ます。

そこに人間の動物としての野生を感じます。だからいつも感動しています。それと同時に紙一重で、ものすごくセンシティブな問題を含みますので、伝え方は充分注意すべき部位だと認識しています。

たとえば長い間の不妊治療をやめた方や、お子様をご病気で亡くされた方など、もうここでは書けないことがたくさんありました。だから単純に出たメッセージを伝えるという形には抵抗があります。ただそのままを伝えればよいわけではありません。どう伝えていくか？はとても大事です。

ここは、伝える前に検証が特に必要な部位です。クライアントさんと充分な対話をしながら進めてください。簡単にベストな方法が見つからないかもしれません。正直にいうと、この部位は手探りしながら経験を積む以外に、方法はないのではないでしょうか。

特に視覚派の方は注意が必要です。意識して慎重に対話を進めてほしいと思います。**視覚から入る情報は早くて強い**のです。その有無をいわさぬ強さと早さが、クライアントさんを傷つけることもあります。

これは私自身がセッションを受ける側で数度経験しています。はい。傷つきました。霊視でみえたままを伝えられたのですが、心ない言い方にショックを受けました。同じように傷ついた方のお話も何度か聞いたことがあります。

ですから視覚派の方は、自分にはそういう強い力があると自覚されたうえで、セッションをしていただきたいと思います。力のある人は本来優しくあるべきです。ちょっと個人的な経験をふまえて、お願いする形になりましたが、どうぞよろしくお願いいたします。

⑤四肢

最後は「四肢」です。まず上肢です。つまり腕ですね。私は右腕からは「過去」の情報を、そして左腕からは「未来」の情報を受け取ると設定しました。

もちろんその逆に設定しても大丈夫です。このときは手のひらをリーディングしません。手首までです。

セッションを始めたころは、右腕からの過去の情報を重要視していましたが、今はほとんどみていません。過去の情報を深堀りしていくと、インナーチャイルドの問題にも関係してきます。それはそれで、専門のセッションを受けたほうがよいというのが私の考えです。

私は自分自身のインナーチャイルドに向き合うのをずっと避けていました。たぶん恐ろしかったのだと思います。でも必要なことは起こりますから、なんと六十歳を過ぎてから向き合うこととなりました。

結果、ものすごくよかったのですが、自分の経験からも専門の方にお願いしたほうがよいと思います。ですからボディーメッセージのセッションではインナーチャイルドの癒やしは行いません。

ただ別のケースとして、過去は過去でも今世での過去ではなくて、過去世での情報が必要なのでは？と判断する方もいます。もちろん無理じいはしませんが、そのときは当サロンの「象徴過去世セッション」をご提案だけします。

少し話がそれましたが、そういった理由で、現在では過去よりも、断然未来にフォーカスしています。それは多くのクライアントさんが、未来に向けてのメッセージを支持しているからです。

なぜなら、自分の中にある未来を信じ、可能性に期待しながら未来をつくっていけるからです。この未来のメッセージをうまく使えている方々は、どなたもご自身の人生をまい進しています。

ボディーメッセージ 私の場合

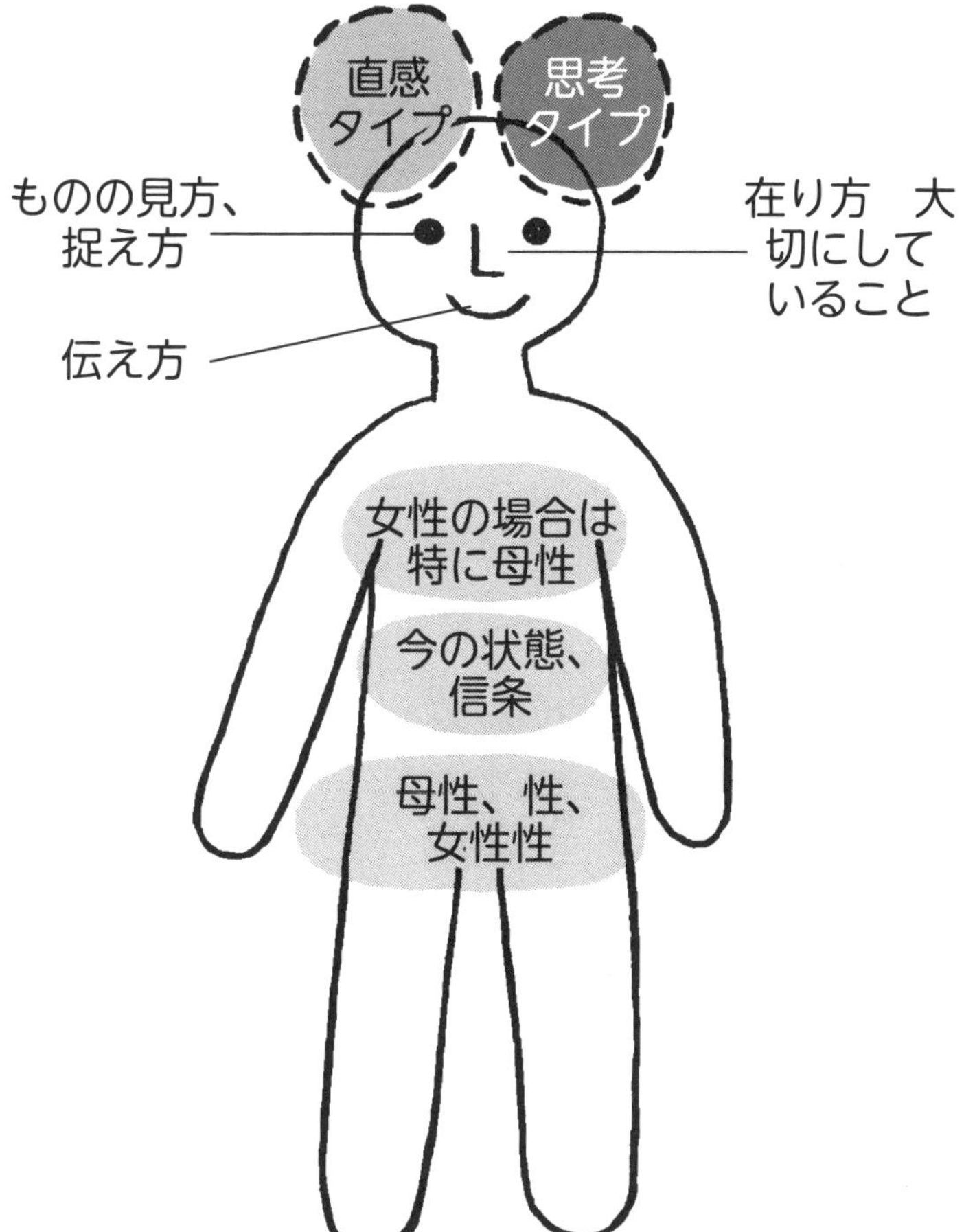

未来をリーディングする

左側の肩から手首までを一年として、○月～○月と設定し、着衣の上から触れていきます。つまり、これからの一年間をリーディングしていくのです。「頭部」「顔面」「体幹」は十五～二十センチくらい離れた位置で読み取りますが、「四肢」に関しては着衣の上から触れていきます。

これも結果論というか、今までの経験からいうと、より具体的なことをリーディングするときは、近い位置で触れたほうがよいということがわかってきました。ですから一年間の未来の情報は、着衣の上から触れていきます。半袖の場合は、直接肌に触れることがあります。それが苦手な方は、タオルの上から触れていきます。

下肢も同じように右足からは「過去」。左足からは「未来」の情報を読み取ります。このときもあまり「過去」については掘り下げません。

また、「未来」についてですが、上肢と下肢は異なります。上肢の場合は一年間と設定してみますが、下肢の場合は「未来」とだけ設定するので、人により全く違います。近い将来でないので、あまり明確にメッセージが出ない方もいるし、三～五年後のメッセージとか、人によっては二十年後のメッセージが出る方もいます。実際、二十代の青年から、四十代になってからについてのメッセージが出たことがありました。

ここで最も重要なことは、メッセージの不確定さです。一年以内の上肢からのメッセージは確実性が高いですが、それ以上の期間になる下肢からのメッセージは、「本当にそうなるのかなぁ～?」という思いが出ると、簡単に消えてしまいます。

ですから、出たメッセージの情報を確実に実現したいと思う方には、「絶対そうする！と決めてください」とお伝えしています。

ここがそれぞれの分岐点になります。メッセージを必ず実現しなくてはいけないわけではないけれど、そう望むのであれば、ぜひご自身の未来情報はうまく使っていただきたいと思います。未来の情報を確実に使われている方は、本当にみごとに変化されていますから。

これらすべてのメッセージをお伝えしてセッションは終わります。みっちり一時間、メッセージをお伝えし続けるので、クライアントさんのクールダウンも必要です。当サロンの場合は、セッション内容をメモに移しながらお茶をして、一緒にクールダウンします。

「数稽古」の先にあるもの

ご自身でなさってみたいというセラピストさんから、カラダからのメッセージをうまく受け取るにはどうしたらよいですか？と、質問されることも多いです。それは「**数を打つ**」のひと言につきると思います。

こう書くと身も蓋もないといわれそうですが、本当です。セッションの数が多くなればなるほど、精度が上がります。

ここでいう精度は、メッセージの量の多さはもちろんのこと、メッセージの質も含みます。クライアントさんにどれだけ、今必要なものを、わかりやすく、丁寧に、そして印象深く、心に残る形でお渡しできるのか？　それを質と考えています。

特に私は、たったひと言でもよいから、お守り代わりにできるような言葉を渡せたらよいなといつも考えています。クライアントさんが迷ったとき、疲れたときに思い出して、励ましになる言葉を渡せたら最高です。

ちょっと話がそれますが、私の鍼の恩師は「生涯で一穴《いっけつ》治療ができたら本望だ」とよく言っていました。一穴とは、たったひとつの経穴（ツボ）を用いて治療するという意味です。こんな素晴らしいことが成されたら最高ですね。

私自身の質として、たくさんの物を受け取るより、たったひとつでも、そこにすべてが終結しているような、ものやことが好きです。ですから私も、クライアントさんにたったひと言を渡せたら本望です。もちろんたくさんお話ししますが、「結局、このひと言に尽きますね」というひと言がお渡しできたらうれしく思います。

以前、恩師のこの一穴治療の話を、ブログで知り合った治療家の方にしたときに、その方は「僕は一語治療というものもあると思っています」と言いました。私はその言葉に射抜かれました。

それこそ、その言葉は私の中の夢や目標として今もあります。このときはまだ、ボディーメッセージがやっと誕生した頃だったかもしれません。

ですからそうなるためにも、やっぱり数稽古です。私自身もイベントに出展し、そのことを実感しました。イベントという限られた短時間内のセッション。そしてイベントならではの、普段はお会いしないようなタイプの方々との出会い。そういったことがやはり数稽古になりました。お金をいただけるようになっても、いやだからこそ、さらに数を重ねることも大切だなぁと実感しました。

地の時代には、その数稽古も努力、根性、忍耐みたいなものでなされていたと思いますが、二〇二〇年以降の風の時代では、もう少し軽く、楽しみながら研鑽を積めたらよいですね。

最後になりましたが、ボディーメッセージの目的は、**個としての自分自身を認め、「この私で生きていく」と思えるようになること**。そして「この私」が未来をどうつくっていくか?の応援です。クライアントさんと一緒に再確認したり、軌道修正したりしながら進みます。ですから未来創造の場としてご利用いただけたらうれしいです。

第四章

あなたのカラダが
あなたを一番知っている

自分のよさを知るために

カラダが伝える言葉にはうそがない。だから安心して伝えられる。多くのクライアントさんのお話を聞きながら、そのつど検証してきました。

だから今は、クライアントさんが「そうかなぁ？」というお顔をしても、動じないでいられます。私のボディーメッセージは皆さんと一緒につくり上げてきたものだと、感謝と誇りを持っています。

そのボディーメッセージをお伝えする中で、クライアントさんが受け入れられない反応を示すことがあります。その多くが、その方の魅力をお伝えしたときです。皆さんが、「そんなことないです～」「私、そんないい人じゃありません」「私、そんなに素敵じゃありません」「そんな魅力ないですし……」と拒否されるのです。

最初の頃は受け入れてもらえないことに、ショックと違和感を感じていましたが、経験を積むうちに、たとえ受け入れられなくても「あなたの魅力は○○なのですよ～」

とお渡ししていきます。拒絶の強い方には何度もお伝えするケースもあります。

その時点では、クライアントさんが受け入れられなくても大丈夫です。気づいて自分を認められるときがきます。そのタイミングは人それぞれなので、すぐにわからなくてもよいのです。

人間って不思議ですよね。特に日本人は、といってもよいかもしれません。謙虚が美徳の国民性でもありますから、自分自身の短所やダメなところはすぐに見つけられるのに、長所や魅力となると途端にわからなくなる。仮に長所や魅力を知っていたとしても外に出すことにためらいがあります。

そもそも、**自分自身の長所や魅力を知らないことも多い**のです。私自身も長い間（五十代半ばまで）、知らなかった長所があったのですから。

まわりの何人もの方から言われ、ようやくそれが自分の長所や魅力なのだと認められるようになりました。具体的には声や話し方です。声のトーンに安心するとか、話していて癒やされるとか言われます。

長所って不思議ですね。自分からすると短所や苦手に捉えていることも多いのです。

私自身、自分の声を録音や動画で聞くと、鼻声でいやだなぁと思っていたし、口下手だから、会話によって相手が癒やされるなんて、とても信じられませんでした。

でも何度も言われたり、いろんな方がそう言ってくださるので、「そうなのかなぁ？」……「もしかしたらそうかもしれない」とだんだん受け入れていったのです。

結果的には長所だから、自分がそれを認め、よいこととして意識して使えれば、とっても幸せなことです。ただこのように長所や魅力って、自分自身で見出すことは意外に難しいし、もっといえば、他者からでないと認識されないことのほうが多いのではないでしょうか？　だからこそクライアントさんの長所を含む、個性や魅力をお伝えすることに意味があります。

さらにこれらを含めてボディーメッセージをお伝えしてきたのには、大きな理由があります。**それは「自分」というものを知り、「自分」というものを好きでいてほしい**からです。

こんな私が好き。この私で生きていこうと思えたら、おおよそのことは乗り越えられると、私自身は実感、体験しています。もちろん人には長所だけでなく、短所もあります。それが込み込みであなたなのです。あなたの魅力なのです。

それに長所や短所って、簡単にひっくり返りますよね。そのときどきや、場所や相手によって、長所になったり、短所になったりします。

だからもろもろ含めて、あなたの魅力や個性として知ってほしい。そのあなたで生きていってほしい。それがボディーメッセージをセッションとして始めた理由です。

カラダの声はあなたの本音

カラダが発する声はあなたの本当の思い。**自分では忘れてしまっていたことや、そもそも自分さえ気づいていない本音すら内在しています。**

それがカラダの本音です。なぜカラダからそれが伝わるのかというと、カラダはうそをつかないから。もしかしたらうそをつくことができないのかもしれませんね。

多くのクライアントさんにお会いすればするほど、それは確信に変わりました。カラダはすでにいろいろな情報を持っていて、そのカラダが伝えることにうそはないのだということを。思考や感情は、時に自分をごまかしたり、自分にうそをついたりするけれど、カラダが伝えることに、うそはありません。

わかりやすい例をあげてみます。「あっ、なるほど、そういうことね」と思われるはずです。

苦手な上司とは仕事はしたくない
……。カラダをごまかしてきたが、
とうとう上司のいる右半身にマヒ
が出るように……。

小さなお子さんが学校に行きたくないときに、自分の気持ちをうまく伝えられなくても、カラダは熱を出したり、お腹が痛くなったりします。その子の思いをカラダは伝えてきます。学校に行きたくない！　それが本音です。

大人にもあります。でも大人だから、仕事に行きたくなくても頑張って行きます。自分の思考や感情をごまかしながら続けます。そしてそれが長く続くと、ごまかしがきかなくなるときがやってきます。

以前テレビで見たのですが、若い社員で、どうしても苦手な上司がいる。けれど、仕事だから、上司だからと頑張り続けました。するとその社員は、首を右側に回すことができなくなりました。左側へは回せて正常に動かせます。

それはなぜでしょう？　もうおわかりですね。苦手で大嫌いな上司は、自分の右方面に席があったからです。頭では理解していてもカラダが拒否してしまうという、典型的な例だと思います。これがカラダの本音です。

言い方を換えると、本音はカラダから出てしまうということ。カラダはその方の本当の本当の思いを知っています。

そこにアプローチするのがボディーメッセージです。

そしてその言葉を聞いたご本人だけには「あ～そうだった」とわかるのです。深い部分では自分の本音に気づいていることが多いから……。

カラダは記憶している

前述したようにカラダはうそをつきません。カラダはいつも本音を伝えています。

そのあなたの本音が内在しているカラダは、あなたを一番よく知っています。誰よりもあなた自身の近くにいて、あなたを包み込み、守っているのがあなたのカラダです。カラダはいつもあなたの味方なのです。だから誰よりも、あなた自身のことを知っています。親よりもパートナーよりも親友よりも。

自分のことをこれほど知っていてくれる存在があるって、なんてうれしいことでしょう。心強いことでしょう。まさに自分自身の相棒です。あなたのカラダはあなたそのものだから。その安堵感を知っておいてほしいのです。

カラダが過去のことを記憶しているってなんとなくイメージできますか？　細胞が記憶しているのでしょうか？　私には正直わかりません。

だって、細胞はそれぞれのサイクルで生まれ変わっていますものね。古い細胞は代謝され、排出されてしまいます。元の細胞と違うものなのに、本当に記憶されているのでしょうか。

でも脳は他の臓器とは違うそうです。だから脳が記憶していることを、私がカラダの声と捉えているのかもしれません。正しいメカニズムはわかりませんが、私にとってボディーメッセージは、まさにカラダからの声としかいいようがないのです。

たとえば「古傷が痛む」というものがありますよね。西洋医学的には古傷が痛む要因などがあり、発生するメカニズムがあるのでしょう。でも私にとっては、その傷はカラダが記憶していて、カラダの記録となって存在しているように思うのです。

そして実際の肉体の傷ではなくて、「心の痛み」というものが、カラダに記録されていることもあります。たとえば大失恋をして大きな痛手を受けたとか、離婚したことで男性不信になったままとか、カラダから伝わることがあります。

そういうことを聞くと、自分自身の心の痛手が大きな傷跡になっていて、消すことのできないもののように思う方もいるかもしれません。しかしそうではなくて、こんなふうに理解してほしいと私は思っています。
「深く傷ついた当時の自分のことを、このカラダだけは知ってくれている。誰に話したとしても、真の意味での理解や共感、癒やしを得ることはできないけれど、この私のカラダだけは知っていてくれる。**その傷や痛みの一番の本当の理解者であり、応援者が自分のカラダ**なのだ」。

人によっては誰にも話していない、いわゆる墓場まで持って行くという秘密でさえ、カラダは黙認し、あなたを許し、最後まで守ってくれます。カラダってそういうものだと思うのです。生きていればいろいろあるし、そもそも私たちはカラダを使って体験、経験しにきています。
ご自身では忘れていることもあります。記憶は薄れていっても、カラダのほうは記憶している。そういうこともあります。

こんな事例がありました。長いおつき合いになる関係性を、どうしたものかとお悩み中だった方。もちろん、パートナーと関係を維持するか否かはご自身が決めること。

お二人の
出会いは……

私が決めたり、アドバイスしたりすることはありません。

ただ、お二人の関係をよくするためのヒントを、カラダ自身は何かしら情報として持っているのではないか？というのが私の自論です。関係性をよくするとは、別れないだけでなく、別れたほうがいい方もいると思います。

その方のボディーメッセージでは、お二人の出会いのことが出てきました。初めての出会いは、彼が彼女を守って助けたことでした。まるで戦隊モノのヒーローのように彼女を助けたのです。

私がそのことを告げると、少し間があって、それから「あーそうでした！　そうでした！　思い出しました」と言いました。「あら、忘れないであげてくださいね」と私は笑ってしまいましたが。

日々の暮らしの中で忘れてしまうことはいっぱいあります。日常にまぎれてしまうから。

たとえば、出会ったときのトキメキとか、大切な二人の思い出とか、もしくは自分が大切にしている思いとか……。そういったことを頭では忘れてしまっていても、カラダはボディーメッセージでは受け取れないくらいの膨大な量を、深く記憶していま す。だからボディーメッセージのセッションでお渡ししているメッセージは、カラダが記憶、記録している量と比べたら、ほんの少しだと思います。

その中で、**セッションのときに出るメッセージは、そのときにあなたのカラダが自分自身に一番伝えたいことや、自分の本音として大切にしていること**なのです。

さて、このメッセージをどのように受け止め、彼女はこれからどう選択して生きていくのでしょうか？　自分自身を信じて前に進んでいってほしいと願っています。

このように、あなたのカラダはあなたのことを一番よく知っています。真の理解者です。そのことを知って、どうぞ安心して前に進んでいってほしいと思います。

カラダは未来も知っている

カラダは未来の情報を持っていると聞いたら驚かれますか？　セッションでは約一年くらい先の情報をお渡しししています。それは占いではありません。ましてや私の予言ではありません。でも確かにカラダは未来を予知しているのです。

もともと、カラダから未来の情報を受け取ろうと思った理由は、カラダは過去のことを記憶、記録している。だったら未来のことも予定しているのではないか？という単純な発想からです。そしてカラダに触れてみたのでした。その思いを前提としてカラダに触れていくと、未来の（約一年先まで）情報が出てきたのです。

私も最初、とても驚きました。そしてクライアントの皆さんも驚かれます。過去のことは、なんとなく細胞が記憶しているようにイメージできるけど、なぜ未来のことがわかるのかが、とても不思議だと、多くの方が言います。その気持ちはとてもよくわかります。私も同じように思っていましたから。

でもよくよく考えてみると、未来の情報が全くなくて、しかもそれをキャッチできないなんて、生きていくうえでとても危険だと思いませんか？　生物として危険！そんなふうに思います。

私たちも動物です。未来の情報なしで生きるなんて危険すぎます。

たとえば、渡り鳥がカレンダーもなしで、海を渡る時期を知るように、せみが数年間を経て地上に出る時を知っているように、私たち人間にも、未来の必要な情報をキャッチする能力があるのではないかと考えています。

だから**カラダは過去だけでなく、未来の情報も持っています。**そして最近のセッションでは、この「未来」のほうをより重要視しています。

それは自分自身で未来をつくっていく感覚を感じてほしいし、ハッキリと自覚して進んでいってほしいからです。もちろん、クライアントさんからの要望もあります。

実際、この未来の情報をうまく使っているクライアントさんの変化は、まぶしいほどです。現実が明らかに変化し、幸せそうで、いつも前を向いて歩いています。

「ボディーメッセージに出会って人生が楽しくなってきています」「ワクワクして未来に向かっています」と、人生の先輩方からもうれしいお声をいただいています。

ですから最近では、過去にフォーカスしていくことはほぼありません。ただ情報として過去の思いなどが出た場合は「カラダはあなたにこのことを知っておいてほしいのですね」に、留めています。

過去の思いを癒やす、癒やさないに関係なく、カラダはあなたの味方であり、カラダはすべてを知っているのです。その安堵感だけは持っていていてほしいと思います。

もちろん過去を癒やす作業が必要な方もいます。過去や未来、どこに一番注力したほうがよいのかは、人それぞれだと思います。こうでなくては、という絶対的な方法やツールはないし、どの順番で自分を癒やしていってもよいと思います。

現在のボディーメッセージセッションでは、より未来にフォーカスしています。が、メッセージの捉え方は変わってきました。

以前は、クライアントさんがご自身の未来を予知しているのだと理解していました。でも最近では、もっと積極的なメッセージなのではと思うようになりました。

つまり最近では、未来を予知しているというより「自分の未来はこうありたい」「こうしてつくっていく」の表れではないのかと感じています。未来へのご自身の強い意思、それが未来ゾーンのあなたのボディーメッセージとして現れるのです。

誰かに依存せず、自分が自分の人生をつくっていく。そういう潔い強さを感じ、セッションではこちらも感動することが多いのです。

そしてその未来が現実化したときにクライアントさんからご報告があるのも、本当に幸せなことです。いつも感謝しています。

この本を読んでくださっているあなたにも、ご自身のカラダの中には、たくさんの情報があることを知ってほしいのです。カラダには、自ら未来をつくっていく覚悟や、喜びや冒険心やら、その他たくさんの情報があるのですから。

そしてその情報を携えて、ご自身の人生を十分に味わってくださいね。

カラダという器はあなたの象徴

カラダという肉体は、よく「器」と表現されますよね。魂の入れ物としての「器」。大切な魂を収めたカラダなのに、大切に扱うことがなかなかできません。

私などは乱暴に使ってしまっているなぁと、大いに反省しています。暴飲暴食をしたり、早めに睡眠をとったほうがよいのに、もう少し、もう少しと動画を見て、結局睡眠不足になったりします。皆さんにもありますか？

私たちの魂は永遠だけれど、カラダは有限。そこに人間の持つ葛藤のようなものがあるのだと思います。私たちはカラダだけを脱ぎ去って旅立っていく。この世にいる間だけ入っている「器」。

魂の年齢からしたら、とても短い期間です。でもこの「器」がない限り、この世での体験はできません。

このカラダを持って生きることが人生。いろいろな体験や経験をすることが、生まれてきた目的です。だからこそ、その目的を果たすための「器」であるカラダをも、選んできたように思うのです。

私たちはどの国にいつ（生年月日）、どの親のもとにうまれるか等を、自分自身で決めてきているとよくいわれます。その中でカラダもまた、自分自身が選んできているのではないか？と思うようになりました。

容貌や体形や体質さえ選んできている。この人生をめいっぱい体験、経験するために、自分にとってのベストを選んでいる。そう思います。

それはひとつひとつのパーツにさえ及びます。その選びぬいたパーツの集合体をその人の体質、気質が包み込み、その人らしさを醸し出す。そしてその人らしさで、人生の目的である体験、経験を積み重ねていくのです。

人生は何かを成すためにあるのではありません。ただ、体験、経験するためにあるのです。そんなことが、この年になって（六十過ぎて）ようやくわかりました。

カラダのパーツひとつひとつが、あなたが厳選してきた証なのです。だからこそあなたに、「あぁ、私はこの人生をまっとうするためにこのカラダを選んだのだ」と理解してほしいのです。

特に若い頃は、こんな顔ではなく、もっと美人に生まれたかったとか、もっとスタイルよく生まれたかったとか思うものです。私もずっとそうでした。母は私から見ても美人さんでしたし、ちょっと自慢の母でした。それなのに私はというと、めちゃくちゃ父親似でした（笑）。

そして特徴的なのは一重の目です。父方の家系の目なのです。そう、血脈ですね。でも若い頃はいやだったこの一重の目も、今は違う感じに受け止めています。それは父がもつ人としてのお茶目さが、私の中にもあるという証明のように感じられるからです。逆にいえば、性質としてのお茶目さがほしくて、それを持つ血脈の中の一重を私自身が選んできたということでしょうか。

もうひとつ、顔の真ん中にあるまん丸い団子っ鼻。これも若いときは、いやでいやで、しかたなかったのです。今のように整形がメジャーな時代ではなかったので、自分で鼻をつまんではスッとした鼻にならないものかと、むだな抵抗をしていました。

それがいつ頃だったでしょうか？　「あれ？　この鼻、どこかで見覚えがある」と思ったのです。誰だろう?と考えてみたら、それは母方の祖母の鼻でした。「そうだ!おばあちゃんの鼻だ」と思い出したのです。

この祖母は私がとても尊敬している人で、とても粋できっぷがよくて憧れの存在なのです。その祖母の血脈の現れとして、顔の真ん中に鎮座させているのも、私の計画のひとつなのでしょう。粋できっぷのよい人を目指すための、象徴として意識し続けるために。

こんなふうに「器」はその人の象徴でもあります。もうひとつ例にあげると、私には大好きなKポップのアイドルがいます。その彼は小指だけが短いのです。そのかわいさゆえ、メンバーがからかったりするのですが、私には、彼の小指は彼がもつチャーミングさの象徴のように思えるのです。

こうして私たちは厳選したパーツを盛り込んで、大切な「器」をつくっていきます。そのようなカラダ(器)ですから、愛おしいに決まっています。これらのパーツや気質、体質などを**フル装備したカラダ**で、ご自身の人生を歩んでいきましょう。

おわりに

この本を手にとって、最後まで読んでくださった方々に心よりお礼を申し上げます。本当にありがとうございます。あなたの思いや考え方で受け止めてくださったら、うれしいです。

よくいわれる「ご縁」という言葉。最近では聞き慣れてしまった言葉のようにさえ感じます。

私自身がボディーメッセージに出会う前から、そしてボディーメッセージを自覚し、仕事として続けてきた今日まで、「ご縁」の連続で、今ここに至ります。クライアントさんは、ほぼご紹介の方々です。

しかもボディーメッセージは誰かから習ったものではなく、自然とそういう形になっていったという私独自のものです。だからこのボディーメッセージを、誰かに伝えたいとか広めたいとか、いっさい思ったことはありませんでした。

そもそも施術の中で自然とこういう形になったものですから、伝える方法論もありませんし、伝えるものでもないとずっと思ってきました。

しかし、本を出すという今回のことは、ひとつの転換期に入ったのだと感じます。まず、クライアントさんに本を出すことになったとお伝えしたところ、皆さん自分のことのように喜んでくださいました。

そして「ボディーメッセージというものに出会って本当によかった」「未来が楽しみになった」と言ってくださいました。そんなふうに未来を明るくみることができる人が一人でも増えたらいいな。それってすごいことなんじゃないかしら？と、今までは考えもしなかったことが頭に浮かぶようになりました。

私が一人でするのではなく、ボディーメッセージを伝えていく人が増えたら、もっといいんじゃないかな？などと、新しい思いが湧いてきたのです。急に今までと違う思いや世界観が登場しました。もしかしたら無意識の領域では、その思いは着々と育っていたのかもしれませんね。

本当に人生って不思議です。いつ何が起きるかわかりません。急激な変化ではあるけれど、自分自身の変化を見守っていこうと思います。

では、ボディーメッセージを伝え、広めるために、具体的にはどうするか？です。私の中では「七人の戦士」ともいえる精鋭たちを育てられたらいいな、と考えています。まずはそこからです。

昔ある人が映画「七人の侍」の話を例にしながら、「とにかく七人いれば成り立つ」ということを私に教えてくれました。その当時も今も、なぜ七人なのかはよくわかりませんが、この言葉だけは忘れることがありませんでした。ずっと自分の中に存在していたその思いを、大切にしていこうと思います。

おそらくこれからお伝えしていくときには、素晴らしい教本ではなく、口伝《くでん》の形になると思います。もし心を揺さぶられる何かを感じたり、ご縁を感じたりした方はお会いすることになるでしょう。楽しみにお待ちしています。

そして私自身のセッションも、これから変化していくはずです。もともとボディーメッセージは皆さんの本質、個性、素敵なところをお伝えするツールとして誕生しました。自分自身を知るってとても面白いし、楽しいことですよね。時にドキドキしたりしながら……。

ですから誤解を恐れずにいえば、エンタメ的楽しさも大きかったと思います。そしてそのうちに、お悩み相談が増えてきました。もちろん解決への糸口となるメッセージもお渡しししていましたが、これからはクライアントの皆さんが、その先のフェーズに向かっていくときなのではないかと思っています。

他者に任せ、その言動に振り回されるのは、他者のフィールドで生きているということ。**これからは自分自身のフィールドで生きていくとき**です。

自らが意図して、自分の人生を自分でつくっていくフェーズに入っているのです。ですから、これからはより一層「未来をつくるボディーメッセージ」に向かっていきたいと思います。

そのためのご自身のカラダを、愛おしく思ってください。誰が認めなかったとしても、自分自身がその尊さを知っていればいいのですから。それが一番伝えたいことです。「私」というカラダ、それは命そのものです。

最後になりましたが、出版という奇跡に出会わせてくださったＢＡＢジャパンの福元美月様、竹田志乃様に感謝申し上げます。そのＢＡＢジャパン様と引き合わせてくださった「自然食品とよもぎ蒸しのお店ミライプラス」の水谷亮様、長尾真紀様、心よりお礼申し上げます。

そして何より、この本の掲載にご快諾くださったクライアントさんをはじめ、今までお会いしたすべてのクライアントさんに、深く感謝申し上げます。皆様との出会いがなければ、この本は成り立ちませんでした。

この本を見つけてくださった、まだお会いしていないあなた様にも感謝申し上げます。本当にありがとうございました。

令和六年九月

和サロン「リュミエール」主宰　せき双葉

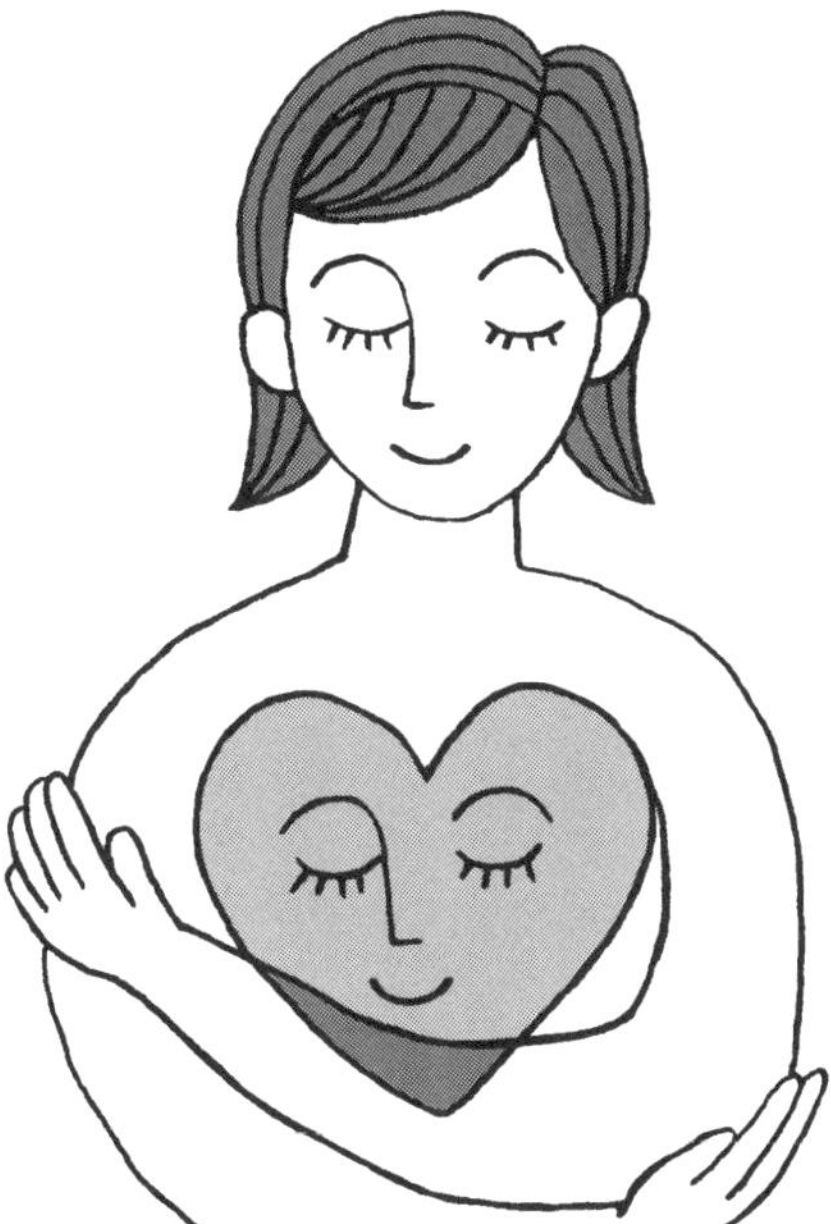

せき双葉（せき ふたば）

セラピスト。鍼灸師。2010年頃より、鍼灸の治療中にクライアントの体調以外の変化を感じるようになる。その後身体に手をかざすと、本人さえも気づかないさまざまな情報が存在していることを知る。これを「ボディーメッセージ」とし、感じたメッセージをクライアントに伝える、オリジナルのセッションを展開している。
現在は鍼治療の現場を離れ、セラピストとして埼玉県にある自宅に、和サロン「リュミエール」を主宰し、都内自由が丘のサロンでも活動している。1500を超すセッションを経験するうちに、過去世、1年ほど先の声も感じるようになり、クライアントの悩みに応え、心を癒やしている。

ボディーメッセージ公式HP
https://www.body-lumiere.com/

アメブロ
https://ameblo.jp/babylumie/

インスタグラム
@ kakosei.seki

公式ライン
ID　@ 199asevq

カラダからの伝言

魂の声を聞くと、心が楽になる

2024 年 11 月 7 日　初版第 1 刷発行

著　者　　せき双葉
発行者　　東口敏郎
発行所　　株式会社 BAB ジャパン
　　　　　〒 151-0073 東京都渋谷区笹塚 1-30-11　4・5F
　　　　　TEL　03-3469-0135　　FAX　03-3469-0162
　　　　　URL　http://www.bab.co.jp/
　　　　　E-mail　shop@bab.co.jp
　　　　　郵便振替　00140-7-116767
印刷・製本　中央精版印刷株式会社

ISBN978-4-8142-0648-3　C2077

イラスト　天野恭子（magic beans）
デザイン　石井香里

心身の不調を改善！調えるテクニック!!

読んで分かる! 感じて納得! 自律神経失調症も

書籍 うつは「体」から治せる

うつは「心」や「性格」が原因ではなかった! この本で、うつにおさらばしよう!「背骨の呼吸法」や「あご・口の中の自己整体」など、簡単にできて常識を覆すうつ改善ワークを、25年以上3万人以上の患者をみてきたうつのパイオニアが多数紹介!

●鈴木直人 著　●四六判　● 240 頁　●本体 1,380 円 + 税

「自分に優しい生活」で婦人科系の不調が消える

書籍 体の声を聞くことで生理が楽になる

「がまん」も「がんばる」もいらない。体の状態を知って、不快な症状とサヨナラしましょう！東洋医学をツールにして、生理から今の体の状態を知る。「生理はつらいもの」ではなく、生理は本来、「楽なもの」。薬にも治療にも頼らない、自分でできる体の調え方を、これまでにはないメソッドでお伝えします。

●安部雅道 著　●四六判　● 224 頁　●本体 1,400 円 + 税

みかんありさのインナージャーニー

書籍 私が生まれ変わるヒプノセラピー

ヒプノセラピーで「内なる自分」を旅しよう。ヒプノセラピーは「催眠療法」といわれ、「前世療法」ではこの催眠療法を使って、前世の記憶にアクセルします。実際にセッションを受けて人生を１８０度変えてしまった著者が、自身の体験をもとにヒプノセラピーを漫画とイラストでわかりやすく解説します。

●みかんありさ 著　● A5 判　● 192 頁　●本体 1,500 円 + 税

心の声を体に聴いて人生の目標を知る

書籍 1からわかる! キネシオロジー【新装改訂版】

キネシオロジーとは、腕を押して筋肉の状態（筋肉反射）をテストするだけで、意識の奥深くの不調の原因を探って、心身を健康な状態に導き、本当に自分らしい人生を送ることができるようになるワークです。潜在意識にあるストレスを「筋肉反射テスト」で読み取り、心身の不調を改善し、自然治癒力を高めます。

●齋藤慶太 著　●四六判　● 200 頁　●本体 1,500 円 + 税

超古代文字が教えてくれるサヌキ【男】アワ【女】しあわせの智恵

書籍 はじめてのカタカムナ

八百万の神さまの名前の由来にもなった超古代文字「カタカムナ」には、女性のしあわせな在り方や暮らし方、男女のパートナーシップのこと、子育てや今後の教育のための大切なヒントが隠され伝えられています!「カタカムナ」を知りたいと感じるすべての方に向けた、「はじめてのカタカムナ」!

●板垣昭子 著　●四六判　● 256 頁　●本体 1,400 円 + 税

BAB ジャパン　スピリチュアル関連のオススメ書籍 !!

8つのカラーと26の精油で「今」を変える

書籍 つねに幸せを感じる アロマとチャクラのレッスン

精油、チャクラ、ホルモン分泌器官のシンプルで奥深い関係を知る。色と香りの波動が共鳴し、内に秘められた「本当の自分」と出合う。最高の人生の創造が始まる! 多くの受講生が感動した「奇跡のアロマ教室」で大人気の「チャクラ講座」がついに書籍化!

●小林ケイ 著　●四六判　● 264 頁頁　●本体 1,500 円＋税

親子、夫婦、友人、自分自身——本当に幸せな関係を築くために

書籍 すべては魂の約束

私たちの魂は、人との関係で何を学ぶのだろう? 精神世界を牽引してきた夫妻が語る人間関係に悩まされない極意!! 心を深く癒やし、気づきを得る書!

——すべては生まれる前から決まっていた。魂を輝かせるための約束——

●山川紘矢、亜希子 著　●磯崎ひとみ（聞き手）
●四六判　● 256 頁　●本体 1,400 円＋税

今日からあなたも精油の翻訳家

書籍 香りの心理分析 アロマアナリーゼ

誰も教えてくれなかった、新しいアロマセラピーの世界。全国で 3,000 人が感動＆涙した「香り＋心理学」のセッション!「香りの心理分析 アロマアナリーゼ」は、誰でもすぐに実践できてとてもシンプル。アロマに興味がある人、初心者、経験者すべての人が楽しめ、新たな発見がある一冊!

●藤原綾子 著　●四六判　● 240 頁　●本体 1,300 円＋税

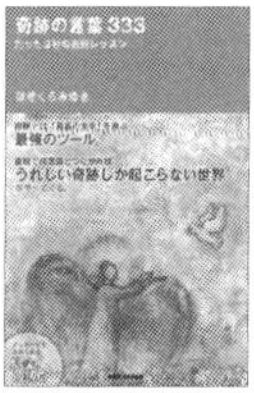

たった３秒の直感レッスン

書籍 奇跡の言葉 333

直観とは「最高の未来」を選ぶ最強のツール。直観で超意識とつながれば、うれしい奇跡しか起こらない世界がやってくる。この本は、やすらぎと希望が湧き上がり、奇跡を呼び込むための、さまざまなコトダマとアファメーションが 333 個、載っています。その言葉を選びながら、直観力を高めていこうというものです。

●はせくらみゆき 著　●四六判　● 368 頁　●本体 1,400 円＋税

脳と体が喜び、若返る!!

書籍 すこやか! いきいき! 長生きの手帳

毎日をわくわく過ごすには、記憶力・発想力・知識力・計算力が大事! さまざまなワークと解説で脳を刺激して認知症も予防 !! 健康寿命をのばすには、脳活だけでは足りません! 足腰が弱い方、車椅子の方にも楽しんでリズムに乗れる体操もご紹介! 高齢者が無理なく楽しく心身を充実させ、健康寿命をのばす秘訣が詰まった一冊です!

●武智花梨 著　改正才 監修　● B5 判　● 144 頁　●本体 1,600 円＋税